다시 살아내는 힘,
논어

다시 살아내는 힘, 논어

펴낸날 2026년 2월 20일 1판 1쇄

지은이 한덕수
펴낸이 金永先
편집 이교숙
디자인 바이텍스트

펴낸곳 지니의서재
주소 경기도 고양시 덕양구 청초로 10 GL 메트로시티한강 A1-1924호
전화 (02) 719-1424
팩스 (02) 719-1404
출판등록번호 제 13-19호

ISBN 979-11-94620-25-9(03140)

지니의서재와 함께 새로운 문화를 선도할 참신한 원고를 기다립니다.
이메일 geniesbook@naver.com (원고 투고)

다시 살아내는 힘,

논어

나를 일으켜 세운
논어 한마디

한덕수 지음

지니의서재

삶의 결을 바꾸는
단 한마디의 문장들

공자孔子는 기원전 551년 노나라의 한 서민 가정에서 태어났다. 성은 공孔, 이름은 구丘, 자는 중니仲尼였다. 그는 세 살에 아버지를, 열일곱 살에 어머니를 잃어 어린 나이에 고아가 되었고, 가난을 스스로 감내해야 하는 고단한 청소년기를 보냈다. 그런 환경 속에서도 배움에 대한 뜻만은 굽히지 않았다. 성장한 뒤에는 주나라의 예禮와 악樂을 정리해 유학의 기틀을 세웠고, 왕도정치라는 이상을 품으며 많은 제자를 길러냈다.

오늘날 공자가 유학의 창시자로 불리는 이유도 여기에 있다. 『논어』는 공자의 말과 삶의 자취를 제자들과 후학들이 오랜 시간에 걸쳐 모아 엮은 책이다. 한 사람이 단숨에 써 내려간 완결된 저술이 아니라, 각지에서 정치와 교육에 몸담았던 제자들이 스승의 말씀을 죽간(중국에서 종이가 발명되기 전에 글자를 기록하던 대나무 조각)에 기록하고 이를 모아 정리한, 말하자면 삶의 기록에 가까운 고전이다. 특히 마지막 정리는 공자의 제자 증삼曾參의 제자들이 맡았다는 견해가 널리 받아들여지고 있다.

이러한 편찬 과정을 거쳐 『논어』는 한 사람의 저술이 아니라, 스승을 잊지 않으려는 제자들의 마음이 차곡차곡 쌓여 이루어진 가장 인간적인 고전으로 남았다.

『논어』는 공자의 사상을 압축해 담은 고전으로 짧지만 오래 마음에 남는 격언과 금언이 풍부하다. 공자의 답변과 제자들과의 토론을 '논論'이라 하고, 제자에게 일러준 가르침을 '어語'라 부른다. 오늘날 전해지는 원문은 약 1만 5천 자 분량으로 20편 482장, 600여 문장으로 이루어져 있다. 『맹자』나 『장자』에 견주면 분량은 훨씬 적지만, 각 문장에 담긴 의미의 밀도를 생각하면 단순한 양으로 가치를 가늠하기는 어렵다. 『논어』는 삶의 여러 국면에서 되풀이해 읽으며 성찰할 수 있는 짧은 문장 안에 긴 배움이 담긴 책이다.

공자의 사상을 한마디로 요약하면 '인仁'이라 할 수 있다. 사전적으로 인은 타인을 사랑하고 어질게 대하는 태도를 뜻하지만, 공자가 말한 인은 그보다 훨씬 넓고 깊은 개념이다. 제자들에게 가르친 지^知, 인^仁, 용^勇에서의 인이 비교적 구체적인 덕목을 가리킨다면, 모든 덕을 아우르는 중심 개념으로서의 인은 사람됨의 근본을 의미한다. 공자는 법이나 제도보다 사람을 더 중시했고, 사람을 통해 도덕적 이상 사회를 이루고자 했다. 이러한 생각 속에서 그는 인을 삶으로 실천하는 존재로서 '군자^{君子}'라는 인간상을 제시했다.

군자는 도^道를 따르며, 그 도를 통해 세상을 바르게 끌어가는 존재다. 그는 '예^禮'로 자신을 절제하고, 음악을 통해 마음의 균형과 조화를 이루며, 배움을 바탕으로 인격을 차근차근 완성해 나간다. 나아가 정치를 통해 백성의 삶을 안정시키고, 도덕을 토대로 한 이상적인 나라를 세우는 데까지 그 책임이 확장된다고 보았다.

덕과 의^義가 사회의 중심 가치가 되는 공자의 이상은 생전에는 온전히 실현되지 못했지만, 그는 굴곡 많은 삶 속에서도 도덕적 공동체에 대한 꿈을 내려놓지 않았다. 그가 품었던 이상과 사유의 흔적이 고스란히 담긴 책이 바로 『논어』이다.

우리가 학창 시절 지겹게 느꼈던 함수나 방정식도 따지고 보면 덧셈, 뺄셈, 구구단에서 출발해 점차 확장된 학문이다. 그렇다면 오늘날 현대 사회의 정신적 기반을 이루는 것은 무엇일까? 기독교의『성경』을 비롯해 불교의『금강경』,『법구경』,『화엄경』같은 경전이 있고, 삶을 노래한『시경詩經』, 정치를 기록한『서경書經』, 세상의 변화와 음양의 원리를 다룬『역경易經』같은 고전도 있다.

하지만 어느 순간부터 사람들은 책에서 점점 멀어지기 시작했다. 많은 이가 휴대전화를 통해 단편적인 정보와 토막지식을 빠르게 얻는 데 익숙해졌고, 그 정도로도 충분하다고 여긴다. 그러나 얕은 지식만으로는 깊이 생각하기 어렵고, 삶을 헤아려 통찰에 이르기에는 한계가 분명하다.

삶이 그러하듯이 어떤 책이든 정독을 거쳐야만 건져 올릴 수 있는 핵심과 의미가 있다. 특히 철학과 고전에는 수많은 사람의 경험과 성찰에서 길어 올린 삶의 진리가 담겨 있는데, 오늘날에는 그마저도 손쉽게 얻으려는 태도가 늘어났다. 이는 금강산에 올라 전체를 마주하지도 않은 채 일부 풍경만 보고 돌아서는 것과 다르지 않다. 만약 우리의 인생이 그런 방식으로 흘러간다면 얼마나 공허하겠는가. 밭을 얕게 갈면 열매도 깊지 않고, 김매기를 소홀히 하면 수확이 성글어지는 법이다. 세상사 또한 이 이치를 벗어나지 않는다.

현대 사회는 이미 4차 산업혁명의 흐름 속으로 깊이 들어섰고, 미국항공우주국NASA의 탐사선이 목성까지 향하는 시대를 살아가고 있다. 여기에 챗GPT의 등장과 함께 수많은 인공지능 플랫폼이 빠르게 확산되면서 우리는 일상의 거의 모든 영역에서 AI 기반 서비스를 자연스럽게 활용하고 있다. 더 나아가 '두 번째 불의 혁명'이라 불리는 양자컴퓨터 시대가 예고되며, 세계 각국은 물론 우리나라 역시 국가적 역량을 모아 연구와 개발에 속도를 내고 있다.

그렇다면 이러한 첨단 기술이 주도하는 시대에 왜 고전을 읽어야 할까. 이유는 분명하다. 어떤 일을 하든 올바른 질문을 던지고 의미 있는 결과에 이르기 위해서는 개인의 내면에 단단한 사상적 토대와 합리적인 철학적 사고가 자리 잡고 있어야 하기 때문이다. 이러한 힘의 근원은 수천 년의 시간을 지나 오늘날에까지 전해진 동양철학과 고전 속에 차곡차곡 축적되어 있다.

인류의 역사를 올바르게 이해하고, 그 안에 담긴 뛰어난 정신적 유산을 마음 깊이 새기며 스스로 준비를 갖추어갈 때 더 큰 발전의 토대가 마련된다. 복잡한 현실 속에서 아무리 빠르게 움직인다 하더라도, 지식을 넓히고 자신을 갈고닦은 뒤에 내딛는 발걸음만큼 단단하고 멀리 나아가기는 어렵다. 그래서 대표적인 역사서를 처음부터 끝까지 정독하고 나면 정신은 한층 풍부해지고, 내면의 기운 또한 더욱 견고해졌음을 스스로 느끼게 된다.

예로부터 책을 읽지 않는 민족에게는 미래가 없다고 말해 왔다. 이러한 인식에서 개인의 철학적 의식을 기르고, 더 나은 내일을 향해 나아가고자 하는 마음을 담아 이 책을 세상에 내놓게 되었다.

저자 한덕수

차례

군자는 아홉 가지를 늘 생각한다.

볼 때는 분명하게 볼 것을 생각하고, 들을 때는 똑똑하게

들을 것을 생각하며, 안색은 부드러울 것을 생각하고,

태도는 공손할 것을 생각하며, 말은 성실하게 할 것을 생각하고,

일은 신중하게 할 것을 생각하며, 의심이 날 때는 물을 것을 생각하고,

화가 날 때는 훗날의 어려움을 생각하며,

눈앞에 이득이 있을 때는 옳은가를 생각한다.

공자

학이學而편

다시 배우며 마음을 세우다

공자의 제자들은 스승의 말씀과 삶의 자취를 모아 한 권의 책으로 엮었고, 그렇게 탄생한 고전이 바로 『논어』이다. 편찬 과정에서 여러 제자가 어떤 문장을 책의 첫머리에 두어야 할지 깊이 고민했을 것이다. 공자는 어떤 사람인가, 그리고 그를 따르는 우리는 어떤 사람이 되어야 하는가. 학이편에는 배움을 향한 사람의 마음가짐이 고스란히 담겨 있다. 모르는 것을 부끄러워하지 말고, 먼저 길을 깨달은 이에게 겸손히 배우며, 배운 바를 삶 속에서 실천하라는 가르침이다. 이러한 태도로 스스로 단련하고 마음을 닦아갈 때, 사람은 하늘의 도道에 한 걸음 더 다가갈 수 있다는 뜻도 함께 전한다.

학이편은 학문과 덕을 쌓는 출발점이 어디에 놓여 있는지를 가장 맑고 단정한 방식으로 보여주는 장이다. 공자가 그린 '좋은 삶'과 '바른 배움'의 첫걸음을 독자에게 건네며, 『논어』라는 책의 문을 여는 가장 정제된 초입이라 할 수 있다.

관계가 멀어지지 않게,
신뢰가 흐트러지지 않게

꾸밈없는 진심이 덕을 만든다

> 말을 교묘하게 하고, 보기 좋은 얼굴로 꾸미는 자는 마음이 어질지 못하다.
>
> **공자**

원문에는 '자왈, 교언영색, 선의인'이라 적혀 있다. 오늘날 우리가 흔히 쓰는 '교언영색^{巧言令色}'이라는 말도 여기에서 비롯되었다. '교언'은 번지르르한 말을 뜻하고, '영색'은 속은 비어 있으면서 겉모습만 그럴듯하게 꾸미는 태도를 가리킨다. 공자는 겉치레에 치우친 사람에게서 참된 인^仁을 기대하기 어렵다고 보았다.

『주역』에서는 이와 대비되는 표현으로 '백비무구^{白賁无咎}'를 들고 있다. 글자 그대로 풀이하면 '담백하게 꾸미면 허물이 없다'는 뜻이다. 화려한 꾸밈은 잠시 사람의 시선을 끌 수 있지만, 담백하고 자연스러운 태도는 오래 마주하더라도 부담이 없고 쉽게 싫증 나지 않는다.

이 구절이 그려내는 인간상은 권력이나 재물을 가진 사람 앞에서 아랫사람이 본심을 감추고 아첨하는 모습이다. 공자는 이러한 교언영색이 용인되면 더 큰 거짓과 협잡으로 번져갈 수 있다고 경계했다. 진심이 담기지 않은 말과 과장된 태도는 잠깐의 이익을 가져올 수는 있어도 오래 이어지기 어렵다. 꾸밈보다 진정성과 꾸준함을 앞세우는 사람은 인간관계에서도, 일에서도 더 깊은 신뢰를 쌓아갈 수 있다.

약속은 의로써, 공손은 예로써

> 약속은 의義에 가까워야 실행할 수 있고, 공손은 예禮에 가까워야 치욕을 멀리할 수 있다. 그렇게 하여 가까운 관계를 잃지 않으면 능히 사람을 따르게 할 수 있다.
>
> **유자**

유자有子가 말한 약속은 단순히 '한 말은 지켜야 한다'는 도덕적 당부에 그치지 않는다. 무엇보다 먼저 그 약속이 과연 '옳은가'를 따져야 한다는 뜻이다. 스스로 납득할 수 없고 정의롭지 않은 약속이라면, 아무리 성실하게 지킨다 하더라도 진정한 의미를 갖기 어렵다. 약속이 힘을 가지려면, 그 바탕에 '의', 곧 옳음이 있어야 한다는 말이다.

'공손함'에 대한 생각도 마찬가지다. 유자가 말한 공손함은 겉으로 고개를 숙이거나 말을 낮추는 태도를 의미하지 않는다. 상대를 '존중'하는 마음이 먼저일 때, 공손함은 자연스럽게 드러난다. 반면, 마음은 없고 형식만 남은 공손함은 오히려 자신을 깎아내리고, 때로는 부끄러운 결과를 낳을 수 있다고 보았다. 그래서 그는 공손함 역시 '예'라는 기준 위에 서 있어야 한다고 강조한다.

모든 관계는 진실한 마음가짐 위에서 유지된다. 약속을 의롭게 지키고, 예를 다해 사람을 대할 때 관계는 자연스럽게 가까워지고 신뢰 또한 깊어진다. 유자가 전하고자 한 바는 이런 태도를 갖출 때 사람을 무리 없이 이끌 수 있다는 것이다.

약속은 태도의 문제이며, 공손함은 겉모습이 아니라 마음의 품격에 관한 일이다. 말과 행동이 어긋나지 않는 사람, 진심으로 상대를 대하는 사람에게 신뢰가 쌓이고 관계도 단단해진다. 성과에 앞서 사람의 마음을 움직이는 힘은 언제나 성실함과 진정성에 있음을 잊지 말아야 한다.

따뜻함을 품되, 기준을 잃지 말라

> 예(禮)의 기능은 엄격하므로 화합이 중요하다. 옛날 훌륭한 임금의 도는 이를 아름답게 여겨 크고 작은 일에 모두 화합의 도를 따랐지만, 그렇게 하더라도 늘 뜻대로 되지는 않았다. 화합의 중요성을 아는 것만으로는 부족하고, 예로써 적절히 조절하지 않으면 좋은 결과를 얻기 어렵다.
>
> **유자**

유자는 '예'를 실천하는 데서 특히 '화(和)'의 가치를 강조한다. 여기서 말하는 화는 화합과 조화를 뜻하며, 예를 행할 때 무엇보다 사람들 사이의 '조화'가 먼저 이루어져야 한다는 의미를 담고 있다.

옛 성왕들의 정치가 뛰어날 수 있었던 이유도 이러한 화합이 바탕이 되었기 때문이다. 『주역』에서도 상하가 화합하고 서로 소통하면 만사가 순조롭게 뻗어나가 크게 성장한다고 말하며, 고대의 여러 가르침 역시 만물을 이루는 근본에 늘 '화'가 놓여 있음을 전한다.

다만 화합 그 자체만으로는 충분하지 않다. '예'를 기준으로 삼아 화합을 조율하고 절제하지 않으면, 조화는 오래 이어지지 못하고 느슨함이나 방종으로 기울기 쉽다. 아무리 아름다운 화합이라 하더라도 규범 없이 유지되기는 어렵기 때문에 '예(禮)'는 '화(和)'가 제자리를 지키도록 붙들어 주는 틀이 된다.

이 가르침은 오늘날에도 여전히 유효하다. 조직이나 관계에서 분위기만 좋으면 된다는 태도는 지속되기 어렵다. 조화로운 협력 위에 역할과 기준이 함께 세워질 때 공동체는 건강하게 유지된다. 따뜻함과 원칙, 화합과 규범 사이의 균형을 지켜내는 일이 성숙한 리더십의 핵심임을 일러주고 있다.

군자의 길은 태도에서 시작된다

> **"**
>
> 군자는 먹는 데 배부름을 추구하지 않고, 거처하는 데 안락함을 탐하지 않는다. 행동은 민첩하게 하고 말은 신중하게 하며, '도道'를 아는 이에게 나아가 자신의 잘못을 바로잡는다. 이러한 사람을 비로소 학문을 좋아하는 자라 할 수 있다.
>
> **공자**
>
> **"**

군자가 지녀야 할 삶의 태도를 설명한다. 공자는 인간이 육체적 욕망에만 이끌려 살아서는 안 된다는 점을 드러내기 위해 음식과 거처를 예로 들었다. 여기서 말하는 군자는 공자가 제시한 이상적 인간상으로, 편안함을 앞세우기보다 책임 있는 행동을 먼저 생각하고, 말보다 실천을 더 중시하는 사람을 가리킨다.

군자는 지킬 수 없는 말을 가볍게 내뱉지 않으며, '덕'을 갖춘 사람들과 교류한다. 자신의 잘못을 깨달았을 때에는 머뭇거리지 않고 곧바로 고칠 줄도 안다. 이러한 태도를 갖춘 사람만이 참으

로 학문을 사랑하는 사람이며, 공자가 말한 군자의 모습에 가까워
진다.

　이 가르침이 전하는 핵심은 겉으로 드러나는 성취보다 삶을 대
하는 기본 태도가 훨씬 중요하다는 점이다. 불필요한 안락함에 머
무르지 않고, 자신의 행동에 책임을 지며, 조언을 겸허하게 받아들
일 줄 아는 사람은 더 단단하게 성장해 간다. 공자가 군자의 길을
말한 이유도 이러한 삶의 토대를 먼저 다지라는 뜻에 있다.

인정은 구하는 것이 아니라 따라오는 것

> 66
>
> 남이 나를 알아주지 않을까 걱정하지 말고, 내가 남을
> 알지 못하는 것을 걱정하라.
>
> **공자**
>
> 99

　짧지만 사람의 마음을 깊이 파고드는 말이다. 전통적 해석에서
도 강조하듯이 이 구절은 타인의 평가를 걱정하기에 앞서 먼저 '자
신의 태도'를 돌아보라는 뜻을 담고 있다. 문제의 원인을 남에게서
찾기보다 내가 상대를 얼마나 이해하고 배려했는지를 먼저 살피라
는 가르침이다.

　우리는 흔히 '왜 나를 알아주지 않는가'라고 불평하지만, 그보다
앞서 내가 상대의 말에 충분히 귀 기울였는지 돌아볼 필요가 있다.
'남이 나를 인정하는가'보다 '나는 관계 속에서 얼마나 열린 마음으

로 듣고 이해하려 애쓰는가가 성장의 출발점이 된다. 인정은 요구한다고 얻어지는 것이 아니라, 먼저 상대를 이해하고 존중하는 태도에서 자연스럽게 따라온다.

진정한 인정은 외부에서 끌어오거나 억지로 만들어지는 것이 아니다. 스스로 쌓아온 태도와 성숙함, 그리고 타인을 이해하려는 진심 위에 시간이 더해지며 서서히 형성된다.

오늘을 새롭게
살아내는 힘

말보다 태도, 지식보다 성찰

> "
> 군자가 신중하지 않으면 위엄이 없고 학문을 익혀도 고루하여 깊이가 없다. 충忠과 신信에 주력하여 힘쓰고, 자기보다 못한 이와는 벗하지 말아야 하며, 잘못을 알았을 때는 즉시 고쳐야 한다.
>
> **공자**
> "

군자는 지성인으로서 마음가짐과 학문의 태도에서 성실함과 신의信義를 근본으로 삼아야 한다고 말한다. 여기서 말하는 '고루하다' 는 표현은 새로운 배움을 멈출 때 과거의 관념과 습관에 자신을 가두고, 고집만 앞세우는 상태에 빠질 수 있음을 경계한 말이다.

'자기보다 못한 이와 벗하지 말라'는 가르침은 사람을 가려 차별하라는 뜻이 아니다. 서로에게 배움을 주고받을 수 있는 벗을 곁에 두어야 한다는 의미이며, 자신보다 나은 사람과의 관계에서 성장의 길이 열린다는 뜻이다. '잘못을 알았을 때 곧바로 고치라'는 말에는 누구나 실수할 수 있다는 전제가 담겨 있다. 다만 잘못을 알고도 바로잡지 않는다면, 그것은 같은 오류를 되풀이하는 일이 된다. 공자는 이러한 '자기 합리화'와 '느슨함'을 특히 경계했다.

오늘날의 관점에서 보아도 지식이나 경력보다 중요한 것은 태도와 스스로 점검하는 능력이다. 배움은 열린 마음에서 시작되고, 성장은 자신의 잘못을 인정하고 고칠 줄 아는 용기에서 시작된다. 자신을 엄정하게 돌아볼 수 있는 사람만이 깊은 신뢰를 얻고, 한 단계 성숙한 자리로 나아갈 수 있다.

사람은 깎이고 다듬어야 온전해진다

자공 "가난하면서도 아첨하지 않고, 부유하면서도 교만하지 않다면 어떻겠습니까?"

공자 "그 정도면 괜찮다. 하지만 가난하면서도 '도道'를 즐길 줄 알고, 부유하면서도 '예禮'를 좋아하는 것만은 못하다."

자공 "『시경詩經』에 이르기를 '끊는 듯이 하고, 깎는 듯이 하며, 쪼는 듯이 하고, 가는 듯이 한다'라고 하였는데, 그와 같은 것입니까?"

공자 "바로 그것이다. 이제 너와 함께 시를 논할 만하겠구나.

지나간 일을 알려주니 다가올 것을 아는구나.”

자공子貢은 공자의 제자 가운데서도 특히 부유했고, 말솜씨가 뛰어난 인물이었다. 이런 면만을 놓고 보면 그는 우리가 흔히 떠올리는 ‘군자’의 이미지와는 다소 거리가 있어 보일 수도 있다. 그는 자신이 부유하지만 교만하지 않다고 여겼고, 스스로 군자의 길에 얼마나 가까이 다가섰는지를 스승에게 확인받고 싶어 했던 것으로 보인다.

『시경』에서 말하는 ‘끊는’은 칼로 잘라내는 일이고, ‘깎는’은 줄로 모양을 다듬는 일이다. ‘쪼는’은 정으로 형태를 만들어가는 과정이며, ‘간다’는 숫돌로 갈아 윤을 내는 일을 가리킨다. 이는 사람의 인격이 단번에 완성되는 것이 아니라, 여러 차례 다듬는 것과 연마를 거치며 점차 깊어지고 단단해진다는 비유다.

자공의 질문에는 ‘나는 지금 어느 정도 성장했는가’라는 인간적인 성찰이 담겨 있다. 이에 대해 공자는 겉으로 드러나는 태도나 능력보다 더 높은 기준, 곧 ‘도’와 ‘예’를 즐길 수 있는 내면의 성숙을 제시한다. 자기 연마는 멈추지 않고 이어져야 하며, 부와 재능을 지녔다 하더라도 마음을 갈고닦는 노력이 뒤따르지 않으면 군자의 길과는 여전히 거리가 남아 있다는 뜻이다.

도덕이 먼저, 학문은 그다음

> 집에서는 부모에게 효도하고, 집을 나서면 웃어른을 공경해야 한다. 말과 행동을 삼가고, 신의를 지켜야 하며, 널리 사람을 사귀고 사랑하되, 어진 이를 가까이해야 한다. 그러고도 여유가 있거든 학문에 힘써야 한다.
>
> **공자**

'여유가 있거든 학문에 힘쓰라'는 말에는 먼저 '도덕적 인간'이 되라는 뜻이 담겨 있다. 부모에게 효도하고, 웃어른을 공경하며, '신의'를 지키고, 사랑을 실천하는 일이 학문보다 앞서야 한다는 의미다. 여기서 제시된 네 가지 지침은 '인'을 이루기 위한 핵심적인 실천 강령으로 이러한 도덕적 행위가 바탕이 되어야 참된 배움 또한 자리 잡을 수 있다고 보았다.

예로부터 '못난 자식이 효도한다'는 말이 있다. 아무리 많이 배웠다 하더라도 인간으로서 지켜야 할 도리를 알지 못한다면, 그 배움은 공허한 지식에 머물 수밖에 없다. 변화하는 세상에 능숙하게 적응해 부귀를 누린다 하더라도, 그 밑바탕에 인의가 놓여 있지 않다면 오래 지닐 가치도 부러움의 대상이 될 이유도 없다.

실력과 지식이 뛰어나더라도 기본적인 태도와 신뢰를 잃는 순간 관계와 기회는 쉽게 무너진다. 배움과 성장은 인격이라는 토대 위에 쌓일 때 지속성을 얻고, 그 사람의 말과 행동에도 힘이 실린다.

오늘날의 자기 계발 또한 다르지 않다. 도덕적 기반 위에 세워진 전문성만이 긴 시간 동안 성장을 떠받칠 수 있다는 사실을 잊지 말아야 한다.

효와 겸손이 인의 뿌리

> "
>
> 효성스럽고 겸손하면서 윗사람의 뜻을 거역하는 사람은 없다. 윗사람의 뜻을 거역하지 않으면서 난동을 부리는 사람은 없다. 군자는 늘 근본에 힘쓰는 것이니 근본이 바로 서야 올바른 도리가 생겨난다. 효孝와 겸謙은 인을 이루는 근본이다.
>
> **유자**
>
> "

유자는 공자의 제자인 유약有若을 가리킨다. 그는 공자보다 마흔세 살이나 어렸지만, 얼굴 생김새가 공자와 매우 닮았다고 전해진다. 공자가 세상을 떠난 뒤 일부 제자들 사이에서는 유약이 스승과 외모뿐 아니라 말투까지 닮았으니 그를 스승으로 모셔야 한다는 우스갯소리도 오갔다고 한다. 공자의 문하에서 가장 바람직한 인간상을 일컫는 말은 군자이며, 그 군자가 갖추어야 할 첫 번째 덕목으로 제시된 것이 바로 '인'이다.

효孝라는 글자는 늙은 부모를 뜻하는 '노老'와 자식을 뜻하는 '자子'가 결합된 형상으로 아들이 부모를 떠받드는 모습을 담고 있다. 글자 자체가 이미 효의 뜻을 드러내고 있는 셈이다. '겸'은 자신을 낮추어 남을 먼저 세우고 자신을 뒤로하는 마음가짐을 뜻한다. 자신을 높이려 할수록 오히려 낮아지기 쉽고, 자신을 낮출 줄 아는 사람은 자연스럽게 신뢰를 얻게 된다.

효와 겸손은 오늘날에도 인간관계의 기본으로 작용한다. 조직에서도 상대를 존중하고 맡은 역할을 성실히 수행하는 사람에게 신뢰가 쌓이고, 더 넓은 기회가 주어진다. 공자가 말한 인의 실천은 시대를 넘어 일과 관계가 유지되는 근본 원리로 이어진다.

뜻을 잇되, 지혜롭게 조정하라

> 부모가 살아 계실 때는 부모의 뜻을 살피고, 돌아가신 뒤에는 부모가 행한 일을 살펴보아야 한다. 삼 년이 지나도록 부모의 방식을 바꾸지 않는다면 효자라고 할 수 있다.
>
> **공자**

부모가 살아 계실 때는 자식이 함부로 행동하기 어렵다. 그래서 한 사람이 참으로 효자인지를 알려면, 부모의 말을 어떻게 따르는지만 볼 것이 아니라 그 마음속에 어떤 생각을 품고 있는지도 함께 살펴보아야 한다. 이 구절에서 공자가 '부모의 뜻을 살핀다'고 한 것은 효의 출발점이 단순한 행위가 아니라, 부모를 향한 공경과 이해에 있음을 강조한 말이다. 부모를 공경하는 것이 가장 큰 효이며, 그다음은 부모에게 욕됨을 돌리지 않는 것이고, 생활을 돌보는 공양供養은 그 뒤에 놓인다. 부모의 뜻을 헤아리지 않은 채 생활만 챙긴다고 해서 '효'라 할 수 없다는 가르침이다.

공자는 부모가 세상을 떠난 뒤에도 그 뜻을 이어가는 것이 참된 효라고 보았다. 다만 부모의 뜻이 언제나 도리에 맞는 것은 아니기에 이 부분은 오래전부터 논의의 대상이 되어왔다. 북송의 학자 윤돈尹焞은 "아버지의 행실이 도리에 맞는다면 평생 고치지 않아도 되지만, 도리에 맞지 않는다면 어찌 삼 년이나 기다리겠는가. 삼 년 동안 고치지 못하는 것은 자식이 차마 어기지 못하는 정이 있기 때문이다."라고 풀이했다. 이는 부모의 뜻을 무조건 따르라는 말이 아니라, 도리와 인간적 정 사이의 긴장을 어떻게 이해할 것인지를 묻는 해석이다.

효는 단순히 부모를 돌보는 행위에 머물지 않는다. 부모의 생각과 삶을 깊이 이해하려는 노력에서 시작되며, 동시에 그 방식이 언제나 나와 일치하지 않을 수 있음을 인정하는 태도도 필요하다. 무조건 따르기보다는 존중을 잃지 않는 범위 안에서 자신의 판단을 세우고 조정해 가는 지혜가 요구된다. 관계를 지킬 줄 아는 성숙함, 그리고 도리와 현실 사이에서 균형을 찾으려는 태도, 이러한 자세가 오늘날의 효로 확장될 수 있다.

위정爲政편

덕으로 사람을 이끄는 법

'위寫'는 어떤 일을 행한다는 뜻이고, '정政'은 정치를 의미한다. 따라서 '위정寫政'은 공자가 생각한 정치의 핵심을 보여주는 장이다. 위정편에서 공자는 정치란 힘이나 제도가 아니라 덕德을 바탕으로 이루어져야 한다는 가르침을 분명하게 밝힌다.

『논어』는 묻고 답하는 대화 형식으로 구성되어 있으며, 그 과정에서 공자의 정치관과 도덕관, 그리고 부모를 공경하는 마음이 자연스럽게 드러난다. 위정편이 시대를 넘어 오늘날까지 깊은 울림을 주는 이유도 여기에 있다.

집에서는 부모를 공경하고, 사람들과의 관계에서는 신의를 지키며, 공동체 안에서는 덕과 공정을 세워가는 태도는 개인의 삶을 바로잡을 뿐만 아니라 사회를 건강하게 유지하는 토대가 된다. 공자는 이러한 삶의 자세를 정치의 출발점으로 보았다. 이 생각은 오늘날의 현실에도 그대로 이어진다. 덕을 중심에 둔 통치와 삶의 태도는 시대가 달라져도 사람과 사회를 더욱 단단하게 만드는 근본이기 때문이다.

품격은
태도에서 시작된다

리더의 품격은 자리보다 태도다

> ❝
> 덕으로 정치를 한다는 것은 마치 북극성은 제 자리에
> 있고 뭇별들이 그 주위를 맴도는 것과 같다.
>
> **공자**
> ❞

　공자는 덕으로 다스리는 정치가 무엇인지 이 한 문장으로 분명하게 보여준다. 위정자爲政者가 덕을 갖추어 나라를 이끌면, 백성은 억지로 복종하는 것이 아니라 마음으로 따르게 된다는 뜻이다. 북극성이 한자리에 머물러 있어도 다른 별들이 그를 중심으로 움직이듯이 덕으로 이루어지는 정치는 사람들을 누르지 않아도 스스로 따르게 만든다. 다산 정약용은 이 비유 속 북극성을 하늘의 중심이 되는 '추축樞軸'으로 해석했지만, 전하려는 요지는 다르지 않다. 법

과 형벌로 몰아붙이는 통치가 아니라, 덕으로 감화시켜 사람들이 스스로 바른길을 걷게 하는 정치가 참된 통치라는 의미다.

공자는 훌륭한 지도자를 북극성에 비유하며, 지도자의 덕목이 지닌 무게를 강조한다. 이는 시대를 지나 지금까지도 깊은 울림을 주는 표현이다. 덕으로 정치를 한다는 것은 말이 아니라 태도로 신뢰를 쌓고, 억지로 따르게 한 사람보다 존중 속에서 스스로 움직인 사람이 오래 남는다는 의미다. 이는 가정과 직장, 인간관계에서도 마찬가지다. 말보다 행동이, 지시보다 본보기가 더 큰 힘을 갖는다. 공자가 말한 덕의 정치는 이러한 삶의 이치를 꿰뚫고 있으며, 그래서 오늘날에도 여전히 의미를 잃지 않는다.

군자는 함께하고, 소인은 편을 나눈다

> **“**
> 군자는 누구와도 조화롭게 지내되, 편을 가르지 않는다. 소인은 편을 가르되, 조화롭게 지내지 못한다.
>
> **공자**
> **”**

군자는 누구와도 조화를 이루되, 특정한 편을 만들어 배타적으로 행동하지 않는 사람을 말한다. 반면, 소인은 자신의 이익을 중심에 두고 사람을 가르며, 그 과정에서 갈등을 키우기 쉽다. 이는 전체의 이익과 정의를 우선하는가, 아니면 개인이나 특정 집단의 이익을 앞세우는가의 차이로 이어진다.

공자는 공과 사를 분별할 줄 아는 태도를 군자의 기본으로 보았다. 이러한 관점에서 오늘날에도 조직의 인사 평가나 채용에서는 능력만큼이나 '인성과 덕성'이 중요한 기준으로 작용한다.

조직에서 편 가르기가 시작되면 신뢰는 빠르게 약해지고, 성과 또한 흔들리기 마련이다. 공정함과 투명성은 관계와 공동체를 떠받치는 가장 단단한 토대다. 어떤 모임에서도 마찬가지다. 대립보다 조화를 선택하는 사람은 더 오래 신뢰를 얻고, 그만큼 더 넓은 영향력을 발휘하게 된다.

행동이 진심을 증명한다

> 군자는 먼저 행동하고, 후에 말을 한다.
>
> **공자**

공자는 백 마디 말보다 한 번의 실천이 더 중요하다는 점을 거듭 강조했다. 제자 자공子貢은 말솜씨가 뛰어나 남의 장점은 물론 단점까지도 거리낌 없이 짚어내는 인물이었다. 그러나 공자는 말이 앞서는 태도를 경계했기에 자공에게 늘 언행을 조심하라고 일러주었다. 말이 앞서면 실수가 잦아지기 쉽고, 마음이 실리지 않은 말은 공허하게 흩어지기 마련이기 때문이다. 그래서 공자는 행동을 먼저 하고, 말은 그다음에 하는 '선행후언先行後言'의 가르침을 남겼다.

이 가르침은 오늘날에도 그대로 적용된다. 대인관계에서 신뢰와 진정성을 쌓는 핵심은 말이 아니라 '행동'에 있다. 말로 능숙함을 드러내는 사람보다 묵묵히 행동으로 보여주는 사람이 더 깊은 신뢰를 얻는다. 어떤 관계에서든 말보다 행동이라는 원칙을 지킬 때 신뢰가 쌓이고 불필요한 실수가 줄어든다. 사람들은 화려한 말이 아니라, 반복되고 일관된 행동을 통해 그 사람의 진심을 확인한다.

그릇된 인재는 조직을 무너뜨린다

애공 "어떻게 해야 백성들이 복종하고 따르게 할 수 있습니까?"

공자 "바른 사람을 등용하여 바르지 못한 사람 위에 두면, 백성들이 복종하고 따르게 됩니다. 하지만 그릇된 사람을 등용하여 바른 사람 위에 두면, 백성들은 복종하지 않고 따르지 않습니다."

애공哀公은 노나라의 임금이었지만 정치적 역량이 뛰어난 인물은 아니었다. 그럼에도 백성들이 그를 완전히 외면하지 않았던 데에는 이유가 있었다. 그는 자신의 부족함을 인정하고, 능력과 덕을 겸비한 인물들을 과감히 등용해 나라의 중요한 일을 맡겼기 때문이다.

공자는 이 질문을 계기로 사람을 쓰는 일, 곧 인사人事의 중요성을 다시 강조했다. 올바른 인물을 세우고 그릇된 사람을 멀리할 때, 백성은 자연스럽게 마음으로 따른다는 것이다. 부패하고 아첨하는 신하는 물러나게 하고, 청렴하고 바른 인물을 앞에 세워야 나라가 바로 선다는 뜻이다. 그래서 예로부터 인사가 모든 일의 근본이라는 말이 전해져 왔다.

조직의 성패는 누구와 함께하느냐에 따라 달라지며, 능력 못지않게 사람의 됨됨이와 신뢰가 중요하다. 잘못된 인물을 핵심 자리에 두면 공동체 전체가 흔들리기 쉽다. 하나의 프로젝트를 추진할 때도 마찬가지다. 사람을 제대로 알아보고 선택할 수 있는 안목이야말로 가장 중요한 경쟁력이다.

신중함이 기회를 만든다

> **❝**
>
> 많이 듣되 의심스러운 것은 빼고, 그 나머지를 신중하게 말하면 허물이 적을 것이다. 많이 보되 위태로운 것은 빼고, 그 나머지를 신중하게 행하면 후회하는 일이 적을 것이다. 말에 허물이 적고, 행실에 후회가 적으면 벼슬은 그 속에 있는 것이다.
>
> **공자**
>
> **❞**

자장子張이 벼슬을 얻는 방법을 묻자, 공자는 학간록學干祿, 곧 녹봉을 얻는 길에 대해 이렇게 가르쳤다. 많이 듣고 많이 보되, 그중에서도 확신할 수 없는 것은 과감히 덜어내고, 남은 것만을 신중하게 말하고 행동하라는 뜻이다. 그렇게 하면 말에서의 실수가 줄고, 행동에서의 후회도 적어져 자연스럽게 벼슬의 길이 열린다고 보았다. 이 가르침은 관직에 나아가는 길에만 국한되지 않고, 사람이 살아가며 맞닥뜨리는 모든 일에서 시행착오와 허물을 줄이는 지혜로도 읽힌다.

정보가 넘쳐나는 시대일수록 무엇을 취하고 무엇을 내려놓을지 분별하는 힘이 중요하다. 즉흥적인 판단을 줄이고, 충분히 살핀 것만 행동으로 옮기면 실수와 후회는 눈에 띄게 줄어든다. 신중함은 신뢰를 낳고, 신뢰는 다시 기회를 불러온다.

일상의 모범이 곧 정치다

> **"**
> 『서경書經』에 '부모에게 효도하는 사람은 형제와도 우애가 좋다. 정치는 그러한 원리를 넓혀가는 일이다'라고 했다. 그러니 내가 지금 하고 있는 것도 정치가 아니겠는가? 국정에 직접 참여하는 것만이 정치가 아니다.
>
> **공자**
> **"**

어떤 사람이 공자께 "선생님께서는 왜 정치를 하지 않으십니까?"라고 묻자, 공자는 윗사람이 바른 도리를 지키면 강제로 다스리지 않아도 사회는 자연스럽게 조화를 이룬다고 답했다.

그는 '효'와 '우애'를 정치의 근본으로 보았다. 집안에서 효를 실천하는 사람은 형제 사이의 우애도 저절로 깊어지고, 이러한 태도가 널리 퍼질 때 사회 역시 안정된 질서를 갖추게 된다고 보았기 때문이다.

이런 맥락에서 공자는 벼슬에 올라 직접 정사를 맡는 일만을 정치로 여기지 않았다. 일상에서의 작은 실천과 모범 또한 충분히 정치적 힘을 가진다고 보았다. 역사 속에서도 제도나 명령보다 개인의 태도와 생활 방식이 사회 전반에 더 큰 영향을 미친 사례는 적지 않다.

가정에서의 태도와 작은 배려는 결국 사회 속에서도 힘을 발휘한다. 사람답게 행동하는 자세가 곧 리더십이 되고, 눈에 보이지 않는 신뢰를 쌓는 가장 단단한 정치가 된다. 사람을 변화시키는 힘은 거창한 언사나 과시적인 행동이 아니라, 일상의 작은 모범과 꾸준한 습관에서 비롯된다.

신의는 모든 일의 출발점이다

> 사람에게 신의信義가 없으면 아무짝에도 쓸모가 없다. 만일 수레에 멍에가 없다면 그것이 큰 수레든 작은 수레든 구실을 할 수 있겠는가.
>
> **공자**

'신의'는 예나 지금이나 인간됨의 근본이며, 사람을 평가하는 가장 중요한 기준이다. 신의가 없으면 맡은 역할을 온전히 감당하기 어렵다. 공자는 이를 설명하기 위해 당시 가장 중요한 교통수단이었던 수레를 예로 들었다.

사람 사이의 신의가 사라지면, 수레와 말을 잇는 멍에가 없는 것과 같아 관계는 성립되기 어렵고 오래 유지되기도 힘들다. 큰일은 물론이고 작은 일조차 제대로 추진하기 어려워지니 신의가 모든 일의 바탕이라는 뜻이다. 약속을 지키고 자신의 말에 책임을 지는 사람은 어디에서든 신뢰를 얻는다. 신뢰가 무너지면 관계와 협업, 비즈니스 전반이 흔들리지만, 신뢰가 쌓이면 작은 말 한마디에도 무게가 실린다. 인생에서 가장 큰 자산은 능력 그 자체보다 신뢰를 지켜내는 태도라 할 수 있다.

내면을
단단하게 하는 지혜

인생의 여섯 단계, 공자가 보여준 성장의 길

> 나는 열다섯에 학문에 뜻을 두었고, 서른에 성취하였으며, 마흔에는 미혹되지 않았고, 쉰에는 하늘의 뜻을 알았으며, 예순에는 옳고 그름을 분별하게 되었고, 일흔에는 마음 가는 대로 하더라도 바른길에서 벗어나지 않았다.
>
> **공자**

공자는 인생의 흐름 속에서 소년, 청년, 장년, 노년을 거치며 그때마다 새로운 깨달음과 성장을 얻었다고 말한다. 젊을 때는 목표를 세워 학문에 힘썼고 그 과정에서 성취를 이루었으며, 시간이 흐르면서 자연스럽게 흔들림 없이 바른길을 따르게 되었다는 의미다. 결국 꾸준한 배움과 성찰을 통해서만 비로소 성인의 경지에 도달할 수 있다는 가르침이다.

이 구절은 공자가 자신의 사상적 발전을 회고하며 정리한 일종의 인생 연대기이자, 가장 이상적인 인간의 성장 과정에 대한 철학적 통찰로 널리 알려져 있다. 오늘날에도 삼십을 '이립而立', 사십을 '불혹不惑', 오십을 '지천명知天命', 육십을 '이순耳順'이라 부르는 전통은 여기에서 비롯되었다.

나이는 단순한 숫자가 아니라 '어떻게 성장했는가'를 돌아보게 하는 이정표가 될 수 있다. 지금의 내가 어디에 서 있는지, 무엇을 배우고 어떤 방향으로 나아가야 하는지 자신에게 질문해 보면 삶의 속도가 훨씬 단단해진다. 중요한 것은 나이가 아니라, 오늘 내가 한 걸음이라도 성장했는가 하는 점이다.

본성은 숨길 수 없다

> 그 사람이 하는 것을 보고, 그렇게 하는 동기를 살펴보며, 무엇을 편안하게 여기는지 관찰해 보아라. 어찌 자신을 숨기고 본성까지 숨길 수 있겠느냐.
>
> **공자**

사람의 본성은 평소의 사고방식과 생활 습관 속에서 가장 분명하게 드러난다. 여기서 말하는 '하는 것을 본다'는 것은 겉으로 나타난 행동을 살피라는 뜻이며, '동기를 살핀다'는 것은 그 행동이 비롯된 이유를 헤아리라는 의미다. 또 '무엇을 편안하게 여기는지 본다'는 말은 그 사람이 진심으로 좋아하고 즐기는 것이 무엇인지, 혹은 무엇을 꺼리고 피하려 하는지를 주의 깊게 보라는 뜻이다. 사람은 좋아하는 대상과 불편해하는 대상을 통해 자신의 성향을 자연스럽게 드러낸다.

공자가 전하고자 한 핵심은 분명하다. 마음의 바탕이 선하지 않다면, 잠시 꾸며낸 위선으로는 오래 버틸 수 없다는 것이다.

옛것에서 길을 찾고, 새것에서 답을 얻다

> 옛것을 배워서 새로운 것을 안다면 남의 스승이 될 만하다.
>
> **공자**

공자는 이 구절에서 옛것을 배우고 익혀 새로운 것을 깨닫는다는 '온고지신溫故知新'의 가르침을 제시한다. '온溫'은 이미 배운 것을 거듭 익혀 몸에 배게 한다는 뜻이고, '고故'는 과거, 즉 옛것을 의미한다. 자연의 이치에도 앞과 뒤가 있듯이 사물과 사건에도 순서가 있기 마련이다. 그래서 공자는 전통과 혁신의 조화를 강조한다. 옛 성현들의 지혜를 충분히 배우고 그것을 바탕으로 새로운 것을 이해할 수 있다면, 누군가의 스승이 될 만하다는 의미다.

'도道'란 곧 하나의 도리이며, 『논어』에 담긴 가르침도 도리이고, 『육경六經』에 실린 지혜 또한 모두 도리의 다른 표현이다. 배우고, 익히고, 깨닫는 과정을 꾸준히 반복하다 보면, 어느 순간 자연스럽게 새로운 통찰이 얻어진다는 뜻이다.

과거의 경험을 복습하고 정리하는 일은 새로운 아이디어의 출발점이 된다. 기본기를 탄탄히 다져놓아야 변화가 찾아와도 흔들리지 않고 더 크게 성장할 수 있다. 매일 작은 배움이라도 꾸준히 반복하다 보면, 어느 날 문득 '새로운 이해'가 떠오르는 순간을 맞이하게 될 것이다.

틀을 깨는 순간, 성장도 시작된다

> 군자는 그릇처럼 한정되어서는 안 된다.
>
> **공자**

공자가 말한 '군자불기君子不器'는 군자는 그릇처럼 정해진 용도만 가진 존재가 아니라는 뜻이다. 그릇은 모양과 크기에 따라 쓰임이 한정되지만, 군자는 특정 기술이나 역할에만 갇혀서는 안 된다. 세상의 이치와 도리를 두루 이해하고, 그 바탕 위에서 다양한 상황에 맞게 유연하게 대처할 수 있어야 한다는 의미다. 이는 곧 군자가 지녀야 할 폭넓은 시각과 포용성, 그리고 끊임없이 배움을 확장해 나가는 태도를 말한다. 하나의 역할에만 갇힌 사람보다 다양한 상황 속에서 자신을 변화시키며 역할을 넓혀가는 사람이 더 멀리 간다는 가르침이다.

직장에서도, 인간관계에서도 '나는 원래 이런 사람'이라며 자신을 좁히기보다 필요에 따라 배우고 바뀌려는 태도가 기회를 넓힌다. 전문성도 중요하지만 그보다 더 중요한 것은 유연한 사고와 열린 마음이라는 점을 잊지 말아야 한다.

배우고, 곱씹고, 정리하라

> 배우기만 하고 생각하지 않으면 얻는 것이 없고, 생각하기만 하고 배우지 않으면 위태롭다.
>
> **공자**

공자는 학문을 깊이 수행하는 방법을 이 한 문장으로 설명한다. 배우기만 하고 스스로 생각하지 않으면 결국 얻는 것이 없다는 뜻이다. 배웠더라도 그 의미를 깊이 음미해 자기 것으로 만들지 못하면 지식은 머릿속을 스쳐 지나갈 뿐 남지 않는다. 반면, 생각만 하고 배우지 않는 것 또한 위험하다고 했다. 성현들의 가르침이나 앞선 지혜를 배우지 않고 자기 생각만 고집하다 보면, 지식의 기반이 약해

매사에 어려움을 겪기 쉽기 때문이다. 결국 배움과 사유가 함께할 때 진정한 깨달음에 도달할 수 있다는 것이 공자의 가르침이다.

배움은 입력이고, 생각은 해석이다. 입력만 하거나 해석만 해서는 실력이 쌓이지 않는다. 업무든 관계든 투자든 창작이든, '배우고 곱씹고 정리하는 과정'이 있을 때 성장의 속도는 훨씬 빨라진다. 오늘 배운 것 중 한 가지라도 스스로 질문해 보고 삶에 적용해 보면, 그 지식은 평생의 자산이 된다.

공자가 경계한 위험한 공부

> 66
>
> 이단異端을 공부하는 것은 해롭다.
>
> **공자**
>
> 99

공자가 말한 '이단'은 한마디로 올바른 도리에서 벗어난 사상이나 학문을 뜻한다. 잘못된 방향의 배움은 결국 사람을 그릇되게 만들 수 있으므로 경계해야 한다는 말이다. 공자는 바른 배움의 중요성을 강조하기 위해 유학의 근본정신과 어긋나는 학문을 무분별하게 따르는 일을 크게 경고했다.

또한 원문에서 '공호이단攻乎異端'이라는 표현의 '공攻'을 '전공하다專攻'가 아니라 '공격하다攻擊'로 해석할 경우, '남의 잘못을 공격하는 데 힘쓰지 말고, 자신의 바른 점을 드러내는 데 힘쓰라'는 의미로도 읽힌다. 두 해석 모두 공자의 뜻에 어긋나지 않으며, 본질적으로 바른길을 따르라는 공통된 메시지를 담고 있다.

정보가 넘쳐나는 시대일수록 '무엇을 배울 것인가'보다 더 중요한 것은 '무엇을 배제할 것인가'다. 잘못된 정보나 편향된 지식은 생각보다 큰 손해를 가져올 수 있다. 본질에 가까운 지식과 건강한 사고방식을 꾸준히 선택하는 것이 결국 나를 지키는 힘이 된다.

진짜 앎은 '모른다'에서 시작된다

> 유^由야, 내 너에게 안다는 것에 대해 가르쳐 주마. 자신이 아는 것은 안다고 하고, 모르는 것은 모른다고 하는 것이 바로 아는 것이다.
>
> **공자**

여기서 '유'는 공자의 제자인 자로^{子路}를 가리킨다. 자로는 정치 감각이 뛰어나고 성격이 솔직하며 용기가 많은 인물로 안회와 함께 공자의 대표적인 수제자로 꼽힌다. 그러나 그는 잘 모르는 부분까지 아는 체하려는 경향이 있었고, 공자는 이를 바로잡고자 이 가르침을 전했다.

공자는 겸손과 자기 인식을 강조하며, 진정한 앎은 아는 것과 모르는 것을 분명히 구분하고 솔직하게 인정하는 데서 출발한다고 말했다. 이는 곧 사실을 사실대로 받아들이고 그 위에서 진리를 탐구하는 '실사구시實事求是'의 태도를 의미한다.

잘 모르는 것을 모른다고 말할 수 있는 용기는 진짜 실력을 키우는 첫걸음이다. '모른다'고 정직하게 인정하는 사람은 배움의 속도가 빠르고 신뢰 역시 깊어진다. 아는 척하는 한 번의 허세보다 솔직함 한 번이 더 많은 기회와 성장을 가져온다.

팔일八佾편

마음을 먼저 닦아야 길이 열린다

팔일편은 주로 "예禮'와 악樂의 의미, 그리고 그것이 가져오는 득실을 다룬다. 주나라 시대에 예악은 국가 제도와 긴밀하게 맞물려 강력한 문화적 권위를 지녔으며, 공자가 살던 춘추 시대에도 예악은 정치를 바르게 세우고 백성을 교화하는 중요한 기준이었다. 공자는 '예'가 나라를 안정시키고, '악'이 백성의 기풍과 풍속을 바르게 하는 데 도움이 된다고 보았다.

그러나 공자는 형식만 화려한 의식이 올바른 정치의 기본이 될 수 없음을 강조한다. 진정으로 중요한 것은 의식을 행하는 사람의 마음가짐이다. 공자는 덕으로 백성을 다스리고, 예로써 하늘의 도를 따르는 것이 정치의 본령이라고 말했다.

팔일편에는 고대 사회의 의례와 생활 양식이 자주 등장해 다소 낯설고 어렵게 느껴질 수 있다. 그러나 그 속에는 '정치는 결국 백성을 향해야 한다'라는 공자의 일관된 철학이 깃들어 있다.

본질이 흔들리지 않을 때
비로소 성장한다

겉치레는 울림이 없다

> "
> 어질지 못한 사람이 예^禮를 행한들 무슨 소용이 있으며, 어질지 못한 사람이 음악을 연주한들 무슨 소용이 있겠는가.
>
> **공자**
> "

'인^仁'은 단순한 덕목이 아니라 바람직한 인간관계를 만들고 오래 지켜가려는 깊은 마음가짐을 뜻한다. 마음에 인이 자리하지 않는 사람은 본심이 비어 있는 것이나 다름없다. 그런 사람이 아무리 '예'를 행하고 '음악'을 연주한다 해도 그것은 겉치레에 지나지 않아 진정한 울림을 낼 수 없다. 결국 어진 마음이 빠진 예는 허례가 되고, 인이 담기지 않은 음악은 공허한 메아리일 뿐이라는 것이 공자의 경계다.

유초游酢 또한 "사람이 '인'하지 못하면 본심이 없는 것이니 어떻게 예악을 행하겠는가? 설령 행한다 한들 그것은 인을 위한 예악이 아니다."라고 말했다. 형식보다 마음이 먼저이고, 예악은 마음의 바탕이 갖춰질 때 그 가치를 발휘한다는 뜻이다.

겉모습과 형식만 갖춘 사람보다 진심이 담긴 행동을 하는 사람이 더 깊은 신뢰를 얻는다. '예의'보다 먼저 필요한 것은 '진심'이다. 마음이 바르면 태도는 자연스럽게 따라오고, 그 사람이 남긴 말과 행동은 오래 기억된다.

예는 꾸미는 것이 아니라 우러나는 것

> **"**
>
> 참으로 좋은 질문을 하는구나. '예禮'는 사치스럽기보다 소박해야 하고, '장례'는 형식을 갖추기보다 슬퍼하는 마음이 우선이다.
>
> **공자**
>
> **"**

임방林放은 예의 본질이 무엇인지 공자에게 물었다. 그는 노나라 사람이었으나 공자의 정식 제자로 보기는 어렵다. 당시 사람들은 혼례나 장례 같은 큰일을 치를 때 번거로운 절차와 과도한 형식에 지나치게 치우쳤고, 그 과정에서 허례허식 때문에 가산을 탕진하는 일도 적지 않았다. 임방은 이러한 세태 속에서 예의 핵심은 형식이 아니라 마음이라는 생각을 품고 있었고, 그 본질을 공자에게 확인하고자 했다.

공자는 임방의 질문을 칭찬하며, 예의 시작과 끝은 모두 '진실한 마음'에 있다고 답했다. 사치스러운 겉모습보다 소박함이 더 예에 가깝고, 장례에서는 절차보다 '슬퍼하는 마음'이 먼저라는 것이다. 결국 예란 규범을 흉내 내는 것이 아니라, 마음에서 우러나올 때 비로소 의미가 있다는 가르침이다.

형식적인 친절이나 보여주기식 예절은 오래가지 않는다. 그러나 진심은 사람을 움직이고 관계를 깊게 만든다. 일상에서 누군가를 대할 때도 '어떻게 보일까'보다 '어떤 마음으로 대하는가'를 먼저 생각하면 신뢰는 자연스럽게 쌓인다.

품격 있는 경쟁이 군자를 만든다

> 66
>
> 군자는 남과 다투는 일이 없지만, 굳이 한다면 활쏘기 정도이다. 대청으로 올라갈 때는 서로 사양하며 인사하고, 시합이 끝나면 벌주를 마시는데 그 다투는 모습도 군자답다.
>
> **공자**
>
> 99

공자는 군자가 다투거나 경쟁하는 모습을 이렇게 설명한다. 활쏘기 시합을 위해 대청으로 오를 때, 시합자는 '예'에 따라 서로 세

번 사양하고, 세 번 인사한 뒤 비로소 사대射臺에 오른다. 군자는 본래 남과 다투는 이를 피하지만, 궁술만큼은 예외로 삼았는데 이는 활쏘기가 단순한 경쟁이 아니라 육예六藝 가운데 하나로 존중받았기 때문이다.

육예란 예禮, 악樂, 사射, 어御, 서書, 수數를 일컫는 고대의 기본 교양이다. 따라서 군자의 경쟁은 상대를 이기기 위해 싸우는 방식이 아니라, 예를 갖추고 공손함을 유지한 채 기량을 겨루는 아름다운 모습이었다. 이는 소인이 이익을 위해 다투는 모습과 본질적으로 다르며, 경쟁 속에서도 품격을 잃지 않는 태도가 무엇인지 잘 보여준다. 승부에 집착하면 관계가 무너지고, 예를 지키면 경쟁도 성장의 기회가 된다. '이기는 법'보다 '품위 있게 경쟁하는 법'을 아는 사람이 더 멀리 간다.

형식은 본질을 이길 수 없다

자하 "『시경』에 '예쁘게 웃는 보조개의 아름다움이여, 맑게 갠 눈동자의 움직임이여, 흰 바탕 위에 그 아름다움을 더하였구나'라는 구절이 있는데, 이 시에는 숨은 뜻이 있는 것 같습니다."

공자 "그렇다. 잘 보았다. 바탕이 꾸밈보다 더 중요하다는 뜻이다."

자하 "그러면 예禮는 그다음이라는 것입니까?"

공자 "상商이여, 네가 나를 깨우쳐주는구나. 나도 거기까지는 생각하지 못했는데, 이제 너와 함께 시를 논할 만하겠다."

'상'은 자하子夏의 이름이다. 그림을 그린다는 것은 흰 바탕 위에 무늬를 더하는 일이다. 먼저 깨끗한 바탕이 갖춰지고, 그 위에 여러 색을 더해 작품이 완성되듯이 사람의 덕성과 성품이라는 '본질'이 먼저이고, 예는 그 위에 더해지는 윤기와도 같다. 본질이 준비되지 않은 예절은 허례에 지나지 않으므로, 진정한 예는 마음의 바탕이 올곧게 세워진 뒤에야 의미를 갖는다는 것이 공자의 가르침이다.

사씨謝氏는 이를 두고 "공자는 학문을 강론하며 '인'을 통해 시詩를 알았고, 자하는 시를 논하며 학문을 알았다. 그러므로 두 사람이 함께 시를 논할 만하다."라고 설명했다. 예는 본질의 연장선이며, 본질을 밝히는 데서 비로소 제 역할을 한다는 뜻이다.

겉모습을 꾸미는 데 앞서 마음의 바탕을 먼저 닦는 사람이 신뢰받는다. 예절이나 매너, 이미지 관리 역시 본질을 갖춰야 힘을 발휘한다. 어떤 관계든 '어떻게 보일까'보다 '어떤 사람인가'를 먼저 돌아볼 때, 품격 있는 삶은 자연스럽게 완성된다.

겸손한 질문이 '예'를 완성한다

> "
> 그렇게 하는 것이 예禮라서 그렇게 한 것뿐이다.
>
> **공자**
> "

공자는 노나라의 태묘太廟에 들어갈 때마다 의식의 절차를 하나하나 확인하며 묻곤 했다. 이를 본 어떤 사람이 "누가 추鄹 고을의 아들이 '예'에 능하다고 했던가? 제사 절차도 남에게 묻고 있지 않은가?"라며 비웃었다. 이 말을 들은 공자가 "그렇게 하는 것이 예라서 그렇게 한 것뿐이다."라고 답변한 것이다.

태묘는 천자와 제후가 조상을 모시는 가장 엄숙한 공간이며, 추 고을은 공자의 고향이자 그의 아버지 숙량흘이 관리로 지내던 곳이다. 공자는 예란 본질적으로 지극한 공경심에서 비롯된다고 보았다. 아무리 알고 있는 절차라 하더라도 다시 확인하는 태도 자체가 예의 핵심이라는 것이다. 즉, '묻는 행위는 무지가 아니라 공경의 표현이며, 예를 아느냐 모르느냐보다 삼가고 겸손한 마음가짐이 더 중요하다'는 뜻이다. 공자를 비웃었던 그 사람은 이러한 근본 태도를 이해하지 못했기에 공자를 오해한 것이다.

'묻는 것'은 능력이 부족해서가 아니다. 정확히 하려는 책임감과 성실함의 표현일 때가 많다. 알고 있다고 생각한 일을 다시 확인하면 실수가 줄어들고 신뢰가 깊어진다. 일, 관계, 배움의 모든 순간에서 겸손하게 확인하는 태도는 오히려 탁월함을 만드는 중요한 힘이 된다.

진짜 경쟁은 '품격'에서 결정된다

> 활쏘기 시합에서 과녁의 가죽을 꿰뚫는 데 주력하지 않는 것은 모든 사람의 힘이 똑같지 않기 때문이다. 이것은 옛날부터 내려오는 도리이다.
>
> **공자**

활쏘기에서 중요한 것은 힘을 자랑하거나 살상을 겨루는 것이 아니라, 절차를 지키고 마음을 집중시키는 과정 그 자체였다. 그래서 활쏘기에서는 과녁을 맞히는 기술보다 오히려 예의를 더 중시했다. 과녁을 명중시키는 일은 꾸준히 배우고 익히면 누구나 가능하지만, 활을 당길 힘과 기초 체력은 노력만으로 갑자기 만들어지는 것이 아니다. 이 때문에 옛 제도에서는 사람마다 자신의 체력에 맞는 활을 고르게 하여 형평성을 지키도록 했다.

공자가 '옛 도리'라고 말한 이유도 여기에 있다. 그가 이상으로 삼았던 주나라의 예법은 이미 쇠퇴하고, 당시 사회는 군비 강화와 살상 중심의 훈련에 치우쳐 있었다. 공자는 이러한 풍조를 바로잡고, 본래 활쏘기가 지닌 수양과 예의의 정신을 되살리고자 한 것이다.

오늘날의 경쟁 역시 결과보다 과정에서 드러나는 태도가 더 큰 신뢰를 만든다. 자신의 능력을 뽐내기보다 예의를 지키고 자신의 속도로 성실히 임하는 사람이 오래간다.

내면의 기준이 나를 지킨다

> 내가 임금을 섬김에 예를 다했더니, 사람들이 아부한다고 하는구나.
>
> **공자**

공자는 덕과 예를 갖춘 성현이었기에 임금을 대할 때도 마땅한 예를 갖추어 행동했다. 그러나 사람들은 이러한 그의 태도를 오히려 아첨으로 오해했다. 공자는 이를 담담히 받아들이며, 바른 행동은 때로 오해를 낳지만, 그로 인해 마음이 흔들려서는 안 된다는 점을 보여준다. 화(禍)와 복(福)은 조금씩 스며들어 어디든 영향을 미치지만, 눈에 잘 드러나지 않는다. 그래서 성인은 어떤 상황에서도 동요하지 않고, 시절이 좋을 때든 어려울 때든 자신의 소임을 묵묵히 지키는 사람이 되어야 한다.

큰 바다를 본 사람은 작은 강물에 흔들리지 않고, 성인의 가르침을 들은 사람은 하찮은 말에 쉽게 요동하지 않는다. 군자는 예와 도리를 모르는 사람의 말에 휘둘리지 않으며, 기준과 중심을 스스로 바로 세운다.

예의 뿌리,
정신과 기품을 지키는 태도

맹목적 복종이 아닌, 맡은 일을 다하는 태도

정공 "신하는 임금을 어떻게 섬기고, 임금은 신하를 어떻게 대해야 합니까?"

공자 "신하는 맡은 바 직무에 충실히 하는 것으로써 충성을 다하고, 임금은 신하를 예법에 맞게 대하면 됩니다."

여기서 말하는 '충忠'은 단순히 윗사람에게 복종하는 의미의 충성이 아니다. 공자가 말한 충은 자신의 마음을 다하는 태도, 즉 자기 자신에게도, 아랫사람에게도, 맡은 모든 일에도 성실하게 임하는 마음가짐을 뜻한다. 이런 의미에서 '충'은 관계나 지위와 상관없이 모든 사람이 지녀야 할 기본 윤리로 이해할 수 있다.

정공定公은 노나라의 임금으로 이름은 송宋이다. '충'은 특정한 대상에 대한 맹목적 복종이 아니라, '내가 맡은 역할에 책임을 다하는 태도'에서 출발한다. 상대를 지위가 아닌 한 사람으로 존중하는 태도는 관계를 견고하게 만들고, 불필요한 갈등을 줄여 더 나은 협력과 성장을 가능하게 한다.

감정의 균형이 삶의 균형이다

> 66
>
> 『시경』의 관저關雎는 사람의 마음을 즐겁게 하지만 방탕하지 않고, 슬픈 구절이 있지만, 마음을 상하게 하지는 않는다.
>
> **공자**
>
> 99

관저는 『시경』의 첫머리에 실린 시로 젊은 남녀가 서로를 그리워하며 나누는 순수한 사랑의 정서를 담고 있다. 사랑하는 이를 생각하는 기쁨과 그리워하는 마음의 슬픔이 함께 어우러져 있지만, 그 감정은 지나치지 않고 절제되어 있다. 공자는 바로 그 점을 높이 평가했다. 즐거움이 지나쳐 방탕해지지 않고, 슬픔이 과해 마음을 해치지 않는 균형 잡힌 감정의 흐름, 이는 인간 감정의 자연스러운 발현이자, 예술이 사람의 마음을 조화롭게 다스리는 힘을 보여준다.

감정을 움직이는 시의 힘을 공자가 이토록 중시한 이유는 예술이 단순한 감상의 대상이 아니라 인간의 마음을 바르게 이끄는 역할을 할 수 있기 때문이다. 인간은 감정의 존재이지만 동시에 이성적 판단을 통해 다시 본래의 자리로 돌아올 수 있는 존재이다. '관저'는 그 균형의 모범으로 제시된 것이다. 기쁨이 지나치면 방만해지고, 슬픔이 지나치면 삶의 중심을 잃기 쉽다. 감정은 억누르기보다 '과하지 않게 흐르게 하는 것'이 중요하다.

사람의 그릇은 실력이 아니라 '태도'다

공자 "관중은 그릇이 작다."

어떤 사람 "그릇이 작다는 것은 그가 검소했기 때문입니까?"

공자 "관중은 아내가 셋이 있었고, 가신들을 겸직시키지 않았는데, 어찌 검소하다고 할 수 있는가."

어떤 사람 "그러면 관중은 예절만을 중시했기 때문입니까?"

공자 "임금만이 문에 병풍을 칠 수 있는데 그는 병풍을 둘렀고, 임금만이 술잔을 놓는 자리를 두는데 그는 임금과 똑같이 했다. 그런데 그가 예를 안다고 할 수 있겠는가."

관중管仲은 공자보다 백여 년 앞선 인물로 제나라 환공을 패자로 만드는 데 크게 기여한 정치가였다. 그런데도 공자가 그를 '그릇이 작다'고 비판한 것은 예의 본질을 바로 세워 나라를 올바르게 다스리려는 의도가 담겨 있다.

한 사람의 학식이나 공적만으로 그 사람의 됨됨이를 온전히 평가할 수는 없다. 실제로 뛰어난 능력을 가졌어도 인격과 덕성이 부족한 경우가 적지 않다. 공자는 관중의 행적을 예로 들며, 당시 노나라 권세가들이 자기 자신을 정당화하는 태도를 꼬집은 것이다.

능력만 뛰어나다고 해서 '큰 사람'이라 할 수 없다. 사람의 그릇은 직책이나 성과보다 품성, 겸손, 기본을 지키는 태도에서 드러난다. 실력은 빠르게 쌓을 수 있지만, 인격은 하루아침에 만들어지지 않는다.

작은 형식 하나가 전통을 지킨다

> **"**
> 너는 양羊이 아까운 것이냐? 나는 예禮를 아낀다.
>
> **공자**
> **"**

노나라에서는 점차 고삭제告朔祭(매달 음력 초하루에 임금이 조상과 신명에게 새 달이 시작되었음을 알리며 올리던 국가 의례)의 예가 무너져 예식의 의미는 사라지고, 제물로 양을 바치는 관습만 남게 되었다. 자공은 그마저도 폐지하려 했다. 형식만 남은 허례허식이라고 여겼기 때문이다. 그러나 공자는 달랐다. 고삭제의 본래 정신이 사라졌더라도 제물인 양이 남아 있는 한 그 의식을 다시 회복할 기회가 있다고 보았다. 만약 양마저 없애버리면 고삭제는 완전히 잊히고, 다시는 회복할 수 없을 것이라 우려했다. 그래서 그는 자공에게 '네가 아끼는 것은 양이지만, 내가 지키고자 하는 것은 '예'의 정신이라고 말한 것이다.

전통이나 규범은 한 번 끊어지면 되살리기 어렵다. 작은 형식이라도 이어져 있으면 그 안에 담긴 정신을 다시 회복할 수 있는 여지가 남는다. 우리의 일상에서도 사소한 의식과 습관이 마음을 다잡는 기준점이 된다. 작은 절차라도 꾸준히 지켜가는 태도가 결국 삶의 질서를 만들고, 중요한 원칙을 잃지 않게 한다.

조화와 균형이 만드는 진짜 실력

> 66
>
> 저도 음악을 조금은 알고 있습니다. 음악이 처음 시작될 때는 소리가 합쳐지고, 이어서 다른 악기들이 참여하여 혼연일체의 조화를 이루다가, 그 소리가 분명해지면 비로소 완벽한 음악이 완성되는 것입니다.
>
> **공자**
>
> 99

이 구절은 국가의 음악을 맡아 관장하는 태사太師에게 한 말이다. 공자는 인격의 완성을 음악에 비유했다. 그는 악기 연주와 노래를 즐겼고, 다양한 음색이 모여 하나의 곡을 이루는 과정을 깊이 이해하고 있었다. 그래서 여러 소리가 조화를 이루어 하나의 음악이 완성되듯이 한 사람의 인격 또한 다양한 감정과 품성이 균형을 이룰 때 온전한 모습을 갖춘다고 보았다.

이 비유는 또한 서로 다른 사람들이 각자의 역할과 능력을 발휘하며 조화를 이루는 건강한 공동체의 모습을 상징하기도 한다.

오늘 감정이 조금 흔들린다 하더라도 그것이 '나의 전부'는 아니다. 기쁨, 분노, 두려움, 용기 같은 서로 다른 감정들이 자연스레 균형을 찾을 때 안정된 내면이 완성된다. 직장이나 관계에서도 마찬가지다. 뛰어난 개인 한 명보다 서로 다른 능력이 자연스럽게 어우러질 때 더 큰 성과가 만들어진다.

예의 본질은 마음의 깊이에 있다

> 66
>
> 윗자리에 있으면서 관용을 베풀지 못하고, 예를 실천하는데 공경스럽지 못하며, 장례에 참석해서 슬퍼하지 않는다면, 내가 무엇으로 그 사람을 인정해 줄 수 있겠느냐?
>
> **공자**
>
> 99

관용, 공경, 슬픔은 '예'의 근간을 이루는 핵심 요소들이다. 관용은 마음을 넓혀 타인을 이해하고 품는 태도를, 공경은 사람을 예로써 대하는 기본자세를 뜻한다. 또한 남의 장례에 참여하더라도 진심으로 슬퍼하지 않는 사람은 그 마음의 바탕이 부덕함을 드러내는 것이니 공자는 그런 이들을 인정할 수 없다고 질책한 것이다. 춘추 시대는 혼란과 분쟁이 끊이지 않던 시대였기에 공자는 이처럼 '마음에서 우러난 예'의 중요성을 더욱 강조했다.

오늘날의 리더십도 다르지 않다. 지위는 위에서 주어지지만, 인정은 아래에서 쌓인다. 관대함, 존중, 공감이 없는 권위는 오래가지 못하고, 겉치레뿐인 예의는 금세 드러난다.

이인里仁편

'인'은 평생을 지탱하는 마음의 자리

이인편은 '인仁'의 의미를 중심으로 펼쳐진다. 인은 어짊을 의미하며, 그 어짊은 절제와 인내를 바탕으로 한다. 사람이라면 누구나 오래 머물고 싶은 곳, 마음이 편안해지는 공간을 꿈꾼다. 공자 역시 덕이 살아 숨 쉬는 곳, 곧 '군자의 땅'이라 불리던 구이九夷에서 살기를 바랐다. 그래서 그는 "어진 마을에서 사는 것은 참으로 아름다운 일인데, 그런 곳을 택하지 않는다면 어떻게 지혜로운 사람이라 할 수 있겠는가."라고 말했다. 춘추 시대는 약육강식과 패도霸道가 뒤섞인 혼란의 시대였다. 그런 상황에서도 공자는 하늘의 뜻을 따르며 평온한 삶을 바랐고, 뗏목을 타고서라도 구이로 가고 싶다는 말까지 남겼다. 그 위험한 여정에 자로子路만큼은 반드시 자신을 따를 것이라며 제자를 격려하는 장면도 등장한다. 이인편은 이렇게 혼란스러운 시대 속에서도 '인'을 지키며 살고자 했던 공자의 흔들림 없는 마음을 담아낸 장이다.

마음이 머무는 자리,
'인'의 기반을 세우는 법

머무는 자리가 마음을 만든다

> "
>
> 사람이 머무는 곳은 인한 곳을 으뜸으로 친다. 인한 고을을 골라서 거처하지 않는다면 어찌 지혜롭다고 말할 수 있겠는가.
>
> **공자**
>
> "

여기서 말하는 '인'한 고을은 질서가 바로 서 있고, 서로를 배려하며 화목하게 살아가는 공동체를 뜻한다. 사람을 함부로 대하는 환경에서는 개인의 마음가짐도 결국 그 영향을 벗어나기 어렵다. 그래서 공자는 스스로 생각하는 사람이라면, 자신이 몸담을 환경을 무엇보다 신중하게 선택해야 한다고 강조한 것이다. 그런데 이 구절은 물리적 주거지만을 말하는 것이 아니다. 우리가 '부처 안에서 산다', '예수 안에서 산다'고 말할 때처럼, '산다'는 표현은 삶의 중심과 마음의 기반을 어디에 두는지를 의미하기도 한다. 즉, 사람은 언제나 인의 자리, 곧 어짊과 진실함, 바른 마음에 머물러 살아야 한다는 뜻으로 이해해도 좋다.

오늘날에도 개인의 성장은 '어디에 사느냐'보다 '어떤 환경에 자신을 노출시키느냐'에서 크게 결정된다. 긍정적이고 성실한 사람들 사이에 있으면 자연스레 태도가 밝아지고, 비난과 경쟁이 가득한 곳에 오래 머물면 마음도 쉽게 소모된다. 결국 나의 성품과 삶의 방향은 내가 선택한 공간과 사람, 그리고 마음이 머무는 자리에서 만들어진다.

환경이 아니라 품성이 사람을 지킨다

> **"**
> 어질지 못한 사람은 어려운 환경에서 오래 있지 못하고, 좋은 환경에서도 오래 있지 못한다. 그러나 어진 사람은 어진 삶을 편안하게 여기고, 지혜로운 사람은 어진 삶을 이롭게 여긴다.
>
> **공자**
> **"**

'인仁'의 본래 뜻은 남을 사랑하고, 바르게 행동하며, 인간다운 따뜻함을 잃지 않는 마음이다. 어진 사람은 자신의 본분을 이해하고 확고한 신념을 갖고 있기에 어떠한 유혹이나 압박 속에서도 중심을 잃지 않는다. 궁핍할 때에도 품위를 잃지 않고, 부유할 때에도 방탕해지지 않는다.

반면, '인'하지 못한 사람은 이익과 감정에 쉽게 휘둘린다. 곤란한 처지에서는 수단과 방법을 가리지 않고, 즐거운 상황에서는 금세 방심하거나 과하게 흥청대기 쉽다. 결국 어짊이 없는 삶은 외부 환경에 끌려다니고, 어짊이 있는 삶은 어떤 환경에서도 스스로 방향을 잡을 수 있다. 지혜로운 사람 역시 편안한 생활을 싫어하는 것이 아니라, '인하게 사는 것이 자신과 타인 모두에게 이롭다'는 사실을 알기 때문에 인의 자리를 선택한다. 그것은 자기 자신을 바르게 세우는 가장 확실한 방법이기 때문이다.

마음이 단단한 사람은 상황이 흔들려도 중심을 잃지 않는다. 환경이 조금만 바뀌어도 감정이 요동치고 습관이 무너진다면 아직 마음의 근본이 자리 잡지 않은 것이다. 환경이 나를 만드는 것이 아니라 내면의 기준으로 환경을 활용할 줄 아는 사람이 진짜 강한 사람이다.

사람을 보는 눈, 마음을 다스리는 힘

> **"**
> 오직 어진 사람만이 사람을 좋아할 수 있고 미워할 수 있다.
>
> **공자**
> **"**

어진 사람은 사사로운 이해관계나 개인적 감정에 휘둘리지 않는다. 그러므로 누구를 좋아하거나 미워하더라도 그 판단이 한쪽으로 치우치지 않고 공평하며 정당할 수 있다. 선한 사람을 좋아하고 악한 사람을 멀리하려는 마음은 누구에게나 있다. 그러나 문제는 그 기준을 놓치는 순간부터 시작된다. 마음이 특정 감정이나 이해관계에 얽매이면 판단은 흐려지고, 결국 무엇이 '정도正道'인지 분별하기조차 어려워진다.

그래서 공자는 진정으로 어진 사람, 곧 '인을 지닌 사람'만이 사심과 편견에서 벗어나 상황을 바르게 판단하고 사람을 제대로 볼 수 있다고 말한다. 감정과 관계가 복잡하게 얽힌 시대일수록 '호불호'의 기준을 감정이 아니라 '가치'와 '원칙'에 두는 사람이 신뢰를 얻는다.

마음의 기준을 선에 두는 삶

> 진실로 '인'에 뜻을 두면 악한 일을 하지 않는다.
>
> **공자**

인仁은 사람 인人과 둘 이二가 합쳐져 '서로 친하다'는 의미를 품은 글자다. 그러나 공자가 인을 실천 윤리의 핵심으로 제시한 이후, 그 뜻은 하나의 덕목을 넘어 모든 덕을 아우르는 근본이념으로 확장되었다. 그래서 인을 지닌 사람은 악한 생각을 품지 않고, 자연스럽게 선한 방향을 향해 마음이 움직인다고 했다. 인의 바탕에는 본래 '사람을 향한 사랑'이 자리한다. 진정으로 인을 갖춘 사람이라면 남을 미워하기보다 먼저 이해하고 헤아리려는 마음이 앞서는 것이 자연스럽다. 그러므로 인하게 산다는 것은 결국 악한 일을 멀리하고, 불의한 상황에 휘말리지 않을 만큼 마음의 중심을 바르게 세운다는 의미다.

마음의 기준을 '선한 의도'에 두는 사람은 충동이나 분노에 쉽게 휩쓸리지 않는다. 타인의 행동에 흔들리기보다 자신이 지키고자 하는 가치와 원칙에 따라 판단한다. 이것이 곧 공자가 말한 인의 실천이며, 인간다운 삶의 기준이 된다.

외물에 흔들리지 않는 삶의 중심

> **"**
> 부귀는 누구나 바라는 것이지만, 정당한 방법으로 얻지 않았다면 누리지 않는다. 빈천은 누구나 싫어하지만, 부당하게 그렇게 되었다 하더라도 벗어나려 애쓰지 않는다. 군자가 '인'을 버리고서야 어떻게 군자라 할 수 있겠는가? 군자는 밥을 먹는 순간에도 인을 떠나지 말아야 하며, 급박하고 위태로운 순간에도 마찬가지다.
>
> **공자**
> **"**

사람이라면 누구나 잘살기를 바라며, 사회에서 귀하게 인정받기를 바라는 마음은 자연스러운 일이다. 그러나 군자가 부귀나 빈천에 흔들리지 않는 이유는 오직 인을 중심에 두었기 때문이다. 공자의 논지에 따르면, 부귀와 빈천은 인을 이루는 데 본질적인 요소가 아니며, 결국 내 삶의 바깥에 있는 외물外物에 불과하다.

따라서 진정으로 인한 사람은 비록 생활이 부족하더라도 마음은 여유롭고 평온하며, 도道를 즐기며 살아간다. 인의 길을 떠나거나, 안빈낙도의 삶을 버리기 위해 조급하게 몸부림치지 않는다. 중요한 것은 환경이 아니라 어떤 상황에서도 '인'을 중심에 두고 자신을 잃지 않는 삶의 태도다.

인의 길은 멀리 있지 않다

> 나는 인仁을 좋아하는 사람과 인을 미워하는 사람을 아직 보지 못했다. 어진 사람에게서야 더 이상 바랄 것이 없지만, 어질지 못한 것을 미워하는 사람도 인을 행하고 있는 것이다. 불인不仁이 자신의 몸에 접근하지 못하도록 하기 때문이다. 단 하루라도 '인'을 위해 그 힘을 다할 수 있겠는가? 나는 아직 그렇게 할 능력이 부족한 사람을 보지 못했다.
>
> **공자**

인을 실천하는 데는 거창한 힘이나 특별한 능력이 필요한 것이 아니다. 그럼에도 누구도 인을 향해 노력하지 않는 현실을 공자는 안타까워한다. '인을 좋아하는 자'는 인을 삶의 근본으로 삼아 그 자체에 머무를 수 있는 경지, 즉 가장 높은 수준에 이른 사람을 뜻한다. 그러나 인을 좋아하지 않는다고 하더라도, 불인을 경계하고 미워하는 마음이 있다면 그것 역시 작은 실천으로서의 '인'이다. 불인이 자신의 삶에 영향을 미치지 못하게 막는 것만으로도 이미 선한 방향을 향해 나아가고 있기 때문이다.

다만 이 구절을 현대적으로 읽어보면, 사람들은 어질지 못한 태도가 타인에게 해가 된다는 사실을 알면서도 이해관계가 얽히는 순간, 그 원칙을 지켜내지 못하는 경우가 많다는 의미로도 이해할 수 있다. 즉, 문제는 능력이 아니라 마음의 중심을 지켜내려는 의지와 꾸준함의 부족이다.

사람과 세상을 대하는
한결같은 마음

함께하는 사람이 곧 나의 거울이다

> 사람이 잘못을 저지르는 것은 그 부류에 따른다. 따라서 그 부류를 살펴보면 그 사람을 알 수 있다.
>
> **공자**

여기서 말하는 '그 부류'란, 붉은 것을 가까이하면 붉어지고 검은 것을 가까이하면 검어진다는 비유처럼 사람이 어떤 환경과 사람들을 곁에 두느냐에 따라 성품과 태도가 달라진다는 뜻이다. 사람은 태어날 때부터 큰 차이를 가지고 태어나기보다는 성장 과정에서 어떤 교육을 받고 어떤 삶의 자리에 오래 머무르느냐에 따라 서로 다른 방향으로 나아가게 된다.

그래서 군자에게 배우고 군자와 어울리면 말과 행동, 생각의 결까지 자연스럽게 군자의 풍모가 스며들고, 소인과 가까이 지내면 자신도 자각하지 못한 채 소인의 태도가 몸에 배게 된다. 옛말에 칠푼이와 어울리면 팔푼이가 된다고 한 것 역시 인간이 얼마나 쉽게 주변의 분위기와 기준에 물들어 가는 존재인지를 짚어낸 표현이다.

감정이 아닌 '의'로 판단하라

> **"**
> 세상에는 반드시 그래야만 하는 것도 없고, 반드시 그래서는 안 되는 것도 없다. 오로지 '의義'에 따라 행동할 뿐이다.
>
> **공자**
> **"**

공자는 어떤 상황에서도 '의'라는 기준에 따라 옳으면 행하고, 옳지 않으면 행하지 말아야 한다고 말한다. 군자는 자신의 평판이나 이익을 기준으로 판단하지 않기 때문에 세상사에서 이것이 반드시 옳다거나 그르다고 쉽게 단정하지 않는다. 이 구절은 큰 의로움을 실천하기 위해서는 개인적인 감정이나 심지어 친족과의 관계까지도 내려놓을 수 있어야 함을 강조한다.

오늘날 우리는 빠르게 변화하는 시대에 살고 있다. 과거에는 수십 년 동안 유지되던 질서가 이제는 몇 달 만에 바뀌기도 한다. 이런 시대일수록 우리는 전통적인 가치와 새롭게 등장하는 흐름 사이에서 어떤 기준으로 균형을 잡을 것인지 물어야 한다. 또한 인을 실천하는 데는 거창한 힘이나 특별한 능력이 필요한 것은 아니다. 그럼에도 누구도 인을 향해 노력하지 않는 현실을 공자는 안타까워한다.

남의 평가보다 나의 성장에 집중하라

> 66
>
> 지위가 없음을 근심하지 말고 그 자리에 설 능력이 없음을 근심해야 한다. 나를 알아주지 않는 것을 근심하지 말고, 남이 알아줄 만한 사람이 되도록 해야 한다.
>
> **공자**
>
> 99

공자는 군자가 지녀야 할 근본 태도를 이렇게 짚는다. 스스로 갈고닦는 노력은 외면한 채 지위만을 탐하거나, 자기 성찰 없이 인정만을 요구하는 태도는 본질과 순서를 거꾸로 놓은 일이라고 본다. 군자는 먼저 자신의 역량과 인격을 다져 그 자리에 '설 만한 사람'이 되는 데 힘써야 한다. 그러한 준비가 갖춰질 때, 지위와 명성은 억지로 구하지 않아도 자연스럽게 뒤따른다.

따라서 바른 삶이란 외부의 평가나 직책에 매달리는 것이 아니라, 자신을 스스로 단단히 세우고 내면의 힘을 키우는 과정에서 완성된다. 진짜 경쟁력은 밖에 있는 것이 아니라, 나를 키우는 데서부터 시작된다. 남의 시선이 아니라 자신의 기준에 따라 단단해질 때, 자리는 자연스럽게 주어지고 평판은 그 뒤를 따른다.

복잡한 세상을 단순하게 만드는 한 가지 도

공자 "증자야, 나의 도는 하나로 일관되어 있다."

증자 "네 그런 것 같습니다."

군중 "도대체 그게 무슨 뜻입니까?"

증자 "선생님의 도는 충서忠恕입니다."

여기서 '하나로 일관된다'는 말은 수많은 가르침이 단 하나의 근본 원리로 귀결된다는 뜻이다. 바로 인의仁義의 마음, 즉 사람다움에 기반한 삶의 도리다. 증자가 말한 '충忠'은 진심을 다하는 태도, 내면의 성실성을 뜻한다. '서恕'는 상대의 입장에서 생각하며, 나와 같은 마음으로 이해하고 행동하는 것을 의미한다.

결국 충과 서는 '내 마음을 다하고, 타인의 마음을 헤아리는 것'이라는 하나의 이치로 연결된다. 동양 허씨東陽 許氏 역시 "하나의 이치가 만사를 꿴다는 것은 세상일이 아무리 다양해 보여도 결국 하나의 도리로 돌아간다는 뜻이다."라고 해설했다.

진심으로 임하고, 타인의 마음을 헤아리는 태도만 갖추면 복잡한 인간관계도 단순해진다.

의義를 따를 것인가, 이利를 좇을 것인가

> "
> 군자는 '의'에 밝고 소인은 '이'에 밝다.
>
> **공자**
> "

'군자가 의에 밝다'는 말은 이익이 있어도 옳지 않은 일이라면 하지 않는 사람이라는 자부심을 담고 있다. 반면, '소인이 이익에 밝다'는 것은 당시 사회 전반에 퍼진 이익 우선의 풍조를 지적하며, 옳고 그름보다 당장의 이익을 좇는 태도를 경계한 것이다. 이는 개인의 이익이나 권익보다 공동체의 정의, 사회 전체의 이익을 먼저 생각하라는 공자의 메시지로 읽을 수 있다.

정약용 역시 '의'는 도덕적 마음이 향하는 곳이고, '이'는 사사로운 인간의 마음이 향하는 곳이라 풀이했다. 그러나 이익을 추구하는 것이 반드시 나쁜 것은 아니다. 대부분의 사람은 자신의 삶을 위해 열심히 일하고, 노력의 대가를 얻는다. 정당하게 얻는 이익은 비난받을 이유가 없다. 문제는 이익을 위해 의를 버리는 태도, 즉 타인에게 해를 끼치면서까지 얻는 이익에 있다.

모든 만남은 나를 성장시키는 스승이다

> 어진 이를 보면 그와 같이 되고자 노력하고, 어질지 못한 이를 보면 스스로 자신을 돌아봐야 한다.
>
> **공자**

공자는 '세 사람이 길을 가면 그중에는 반드시 스승이 될 만한 사람이 있다'고 말했다. 이는 사람을 대할 때 누구에게서든 배울 점을 찾으라는 가르침이다. 올바르고 덕이 있는 사람을 만나면 그에게서 본받을 점을 찾고, 덕이 부족한 사람을 만나면 그의 모습을 거울삼아 자신의 부족함을 돌아보라는 뜻이다.

이러한 태도를 갖추면 어떤 사람을 만나더라도 배움이 멈추지 않는다. 훌륭한 사람에게서는 길을 배우고, 그렇지 못한 사람에게서는 나의 그릇을 단단하게 다듬는 계기가 된다. 현명한 이는 어떠한 환경에 놓이더라도 해로운 것은 멀리하고, 도움이 되는 것은 취할 줄 아는 선택의 지혜를 갖추게 된다.

진짜 영향력은 강함이 아니라 '부드러움'에서 나온다

> 부모의 잘못을 보면 조심스럽게 말씀드려야 하고, 설령 따르지 않더라도 더욱 공경하면서 뜻을 어기지 않아야 한다. 자식은 부모를 걱정할 뿐 원망해서는 안 된다.
>
> **공자**

부모의 잘못을 조심스럽게 간언한다는 것은 부모의 잘못을 보더라도 직접적으로 말하지 말고 은근히 일러주어야 한다는 뜻이다. 만약 부모가 바로 수긍하지 않더라도 억지로 고치려 들기보다 적절한 때를 기다려 다시 간언하라는 것이다. 이는 부모의 과실을 평계 삼아 그들을 난처하게 만들지 말고, 더욱 공경하는 마음으로 인내하며 바른길로 인도하라는 가르침이다.

'부모를 걱정할 뿐 원망하지 말라'는 말은 결국 사람의 변화는 강요가 아니라 관계 속에서 쌓인 신뢰와 존중을 통해 이루어진다는 공자의 통찰을 보여준다. 상대를 탓하고 비난하는 방식은 상처를 남길 뿐이지만, 부드럽고 성숙한 태도는 상대가 스스로 깨닫게 하는 힘을 가진다.

진정한 덕은 사람을 끌어당긴다

> "
> 덕이 있는 자는 외롭지 않으니, 반드시 이웃이 있다.
> **공자**
> "

완전한 덕을 실천하는 일은 쉽지 않지만, 그 길은 언제나 보람으로 이어진다. 한결같은 마음으로 덕을 쌓아가다 보면, 그 진심을 알아보는 사람이 반드시 생기기 때문이다.

덕은 먼저 자신의 마음을 돌보고 단단하게 세우는 일에서 시작한다. 그러나 그 덕이 진정한 빛을 발하는 순간은 그것이 타인에게 베풀어질 때다. 덕 있는 사람에게 자연스레 가까이 모이는 이들이 생기고, 뜻을 함께하는 동료와 공동체가 만들어지는 이유가 여기에 있다. 실제로 중국 전통에서 지도자의 가장 중요한 자질로 지혜보다도 '덕'을 우선시한 것도 같은 맥락이다. 덕이 있는 지도자 곁에 지혜로운 사람들이 모일 때 가장 탁월한 정치와 공동체가 이루어진다고 믿었기 때문이다.

조언에도 '적정선'이 있다

> 임금을 섬길 때 자주 간언하면 욕을 보고, 벗을 사귈
> 때 자주 충고하면 소원해진다.
>
> **자유**

자유子游는 조언과 충고에는 반드시 지켜야 할 '적정한 거리'가 있다고 말한다. 윗사람을 섬길 때 지나치게 충성스럽게 보이면 오히려 다른 사람들에게 비난을 받기 쉽고, 때로는 아첨으로 오해받을 수 있다. 친구 관계 역시 다르지 않다. 충고가 아무리 옳아도 반복되면 상대는 부담을 느끼고, 관계는 서서히 멀어진다.

그래서 임금에게 올린 간언이 받아들여지지 않으면 한 번은 물러날 줄 알아야 하고, 친구에게 건넨 충고가 통하지 않는다면 더 말하기보다 조용히 지켜볼 필요가 있다. 호인胡寅도 "간언이 실행되지 않으면 스스로 떠날 줄 알아야 하고, 벗이 충고를 받아들이지 않으면 멈출 줄 알아야 한다."라고 말했다. 말을 거듭하면 말하는 이는 가벼워지고 듣는 이는 싫어지기 마련이다. 결국 선의를 앞세워도 선을 넘으면 오히려 관계가 손상된다는 가르침이다.

공야장 公冶長 편

사람을 알아보는 눈이 나를 만든다

공야장은 공자의 제자로 성은 공야公治이고, 이름은 장長, 자는 자장子長
이다.

딸을 시집보낼 때는 아들을 장가들일 때보다 상대의 인품, 능력, 집안
까지 더욱 세심하게 살피기 마련이다. 그런 점에서 공자가 한때 감옥
에 있던 공야장에게 자신의 딸을 시집보냈다는 사실은 공야장을 얼마
나 깊이 신뢰했는지를 보여주는 상징적인 일화로 전해진다.

공야장편에서는 공자와 제자들의 문답을 통해 도덕道德이 인간관계와
인재 등용에 어떤 영향을 미치는지를 살핀다. 선악이 사람의 성품에
어떻게 드러나는지, 어떤 사람이 쓰임을 받을 수 있고 어떤 사람은 그
렇지 못한지를 공자는 재치 있는 비유와 평가로 설명하며, 사람을 판
단하는 기준을 자연스럽게 드러낸다. 또한 다양한 인물을 둘러싼 공자
의 언급은 사람을 알아보고 적재적소에 쓰는 일의 중요성을 다시금 일
깨워준다. 이 장을 통해 공자가 지닌 분별력과 사람을 바라보는 깊은
통찰을 확인할 수 있다.

관계를 보는 식견이
신뢰를 만든다

사람을 볼 때 '겉'보다 '본질'을 보라

> **"**
> ───────
>
> 나라에 도가 행해질 때는 버림받지 않을 것이고, 나라
> 에 도가 행해지지 않을 때에도 형벌은 면할 것이다.
>
> **공자**
>
> ───────
> **"**

공자는 "공야장은 사위로 삼을 만하다. 비록 감옥에 갇혀 있으나 그것은 그의 죄가 아니다."라고 말했다. 그는 공야장과 남용南容을 높이 평가하며, 자신의 딸은 공야장에게, 형의 딸은 남용에게 시집 보냈다. 공야장은 억울하게 옥에 갇힌 적이 있었으나, 공자는 그의 행실과 인품이 결백함을 분명히 알고 있었다. 남용에 대해서도 "도가 바로 설 때는 버려지는 일이 없고, 도가 무너진 세상에서도 형

벌을 받을 사람이 아니다."라고 말하며 그의 인품을 인정했다. 이 일화는 공자가 사람을 평가할 때 겉으로 보이는 집안이나 지위, 상황보다 본질적인 '품성'을 기준으로 삼았다는 점을 보여준다.

당시 어떤 이가 "공야장의 인품이 남용보다 못한데, 공자는 자신의 딸은 공야장에게 보내고 형의 딸은 남용에게 보냈으니, 이는 자신에게는 엄격하고 형에게는 후했던 것 같다."라고 말하기도 했다. 그렇지만 공야장은 사위가 된 뒤에도 인仁을 잃지 않고, 공자의 가르침을 성실히 익히고 실천했던 인물이다. 잠시 어려움에 부닥치더라도 그 어려움의 원인이 인품 때문이 아니라면 그 사람의 가치는 변하지 않는다. 반면, 화려한 스펙 뒤에 품성이 부족하다면 그 관계는 오래가지 않는다.

그 사람을 보면 환경이 보인다

> 그 사람은 군자다. 노나라에 군자가 없다면 그가 어디서 이와 같은 덕을 배울 수 있었겠는가?
>
> **공자**

자천子賤은 공자의 제자 가운데서도 학식이 뛰어나고 인애仁愛가 깊어 단보亶父의 읍재(고을 수령)로 임명될 만큼 덕망을 인정받은 인물이다. 비록 공자보다 마흔다섯 해 가까이 어렸으나 그의 재주와 도량은 두드러졌고 많은 사람의 존경을 받았다.

공자는 자천의 훌륭한 인품을 칭찬하면서 그 덕이 길러진 배경으로 자연스럽게 시선을 옮겼다. 노나라에는 군자와 현자들이 많았는데, 자천 역시 그들의 가르침과 기풍을 가까이에서 보고 배우며 오늘의 덕성을 갖추게 되었다는 뜻이다.

공자가 타인의 인품을 칭찬할 때, 한 사람만을 치켜세우는 데서 그치지 않고 그가 배워온 터전과 환경, 스승과 풍토까지 함께 언급한 것은 매우 후덕한 태도라 할 만하다. 이는 인격이 홀로 완성되는 것이 아니라, 좋은 사람들과 건강한 풍토 속에서 형성된다는 가르침이기도 하다. 그래서 공자는 자천의 덕을 높이 평가하면서도, 그가 배우고 자란 노나라의 기풍 역시 함께 본받을 만하다는 메시지를 전하고자 했다.

용기만으로는 멀리 갈 수 없다

> **"**
> 너는 나보다 용감하지만. 사리事理를 헤아릴 줄 모르는구나.
>
> **공자**
> **"**

공자가 자로에게 "도가 행해지지 않아 뗏목을 타고 바다로 떠난다면 나를 따를 사람은 자로뿐일 것이다."라고 말하자, 자로는 이를 곧이곧대로 받아들여 기뻐했다.

공자가 '뗏목을 타고 큰 바다로 떠난다'고 한 것은 세상이 혼란해

'도'가 실현되지 못하는 현실을 한탄하며 차라리 세상을 떠나고 싶다는 마음을 비유적으로 표현한 것이다. 그러나 자로는 이 깊은 뜻을 헤아리지 못하고, 스승이 자신의 용기를 인정했다고만 생각한 것이다.

이에 공자는 자로의 성급함을 타일렀다. 무조건 앞장서는 용기만으로는 위기를 헤쳐나갈 수 없으며, 다가올 위험을 헤아리는 지혜가 함께 있어야 한다는 가르침이다. 감정이 앞설 때일수록 한 걸음 멈추어 사리를 살피는 사람이 결국 더 멀리 간다. 용기와 절제가 균형을 이룰 때 진정한 힘이 완성된다는 것이 공자의 뜻이다.

진짜 성장은 비교가 아닌 '본받음'에서 온다

공자 "너와 안회 중에 누가 더 낫다고 생각하느냐?"

자공 "제가 어찌 안회와 비교가 되겠습니까? 안회는 하나를 들으면 열을 알지만, 저는 하나를 들으면 겨우 둘을 알 뿐입니다."

공자 "그렇다. 너와 내가 그보다 못하다."

자공이 자기 자신을 낮추며 안회의 뛰어남을 칭찬하자, 공자 역시 안회의 재능을 인정하며 "나 또한 그보다 못하다."라고 말했다. 안회의 탁월함은 사실이지만, 스승과 제자가 서로의 부족함을 숨기지 않고 솔직하게 드러내는 이 장면은 매우 뜻깊다. 이는 공자가 자공에게 던진 일종의 '학문적 자극'이었다. 당시 자공은 학문적 수양修養보다 출세와 재물에 마음을 두는 경향이 있었기에 공자는 안회의 태도를 본받아 더욱 본질적인 배움과 수양에 집중하라는 뜻을 우회적으로 전달한 것이다.

진정한 성장은 타인과의 경쟁이 아니라, 본받을 만한 사람을 마음의 기준으로 삼아 오늘의 나를 차분히 다듬어갈 때 성장은 자연스럽게 이어진다.

배려는 마음이 아니라 '수양'에서 완성된다

자공 "남이 제게 하기를 바라지 않는 일은, 저도 남에게 하지 않으려고 합니다."
공자 "그것은 아직 네가 할 수 있는 일이 아니다."

상대의 입장에서 생각하고 배려하는 '서恕'의 실천은 말처럼 쉬운 일이 아니다. 공자는 자공의 마음을 폄하한 것이 아니라, 그의 덕성과 성숙도가 아직 그 경지에 미치지 못했음을 지적하며 경계한 것이다.

남에게 베풀고 이해한다는 것은 의지만으로 되는 일이 아니라, 깊은 수양과 반복된 실천을 통해 갖춰지는 능력이다. 자공처럼 덕이 미완성된 단계에서는 쉽게 자만할 수 있기에 공자는 더 노력하라는 의미에서 단호하게 말하며 그의 성장을 이끌었다.

오늘 하루 '남이 원치 않는 일은 나 역시 삼가야 한다'는 다짐보다 더 중요한 것은 그 생각이 머무는 데서 그치지 않고 행동으로 이어질 수 있도록 마음의 폭과 깊이를 스스로 길러가는 일이다.

묻기를 부끄러워하지 않은 사람

자공 "공문자孔文子에게 어찌 문文이라는 시호가 붙었습니까?"

공자 "그는 영민하고 배우기를 좋아했으며, 아랫사람에게 묻기를 부끄러워하지 않았다. 그래서 시호를 문이라고 한 것이다."

공문자는 위나라의 대부로 집안에 불미스러운 일이 있었음에도 불구하고 '문'이라는 시호를 받을 만큼 인정을 받은 인물이었다. 자공이 의문을 품은 것도 바로 이 점 때문이었다. 그러나 공문자는 비록 사소한 흠이 있었을지라도 학문에 힘썼고, 신분과 체면을 가리지 않은 채 아랫사람에게서도 기꺼이 묻고 배울 줄 아는 사람이었다. 이러한 태도야말로 그에게 '문'이라는 시호가 내려진 바탕이 되었다.

대개 스스로 총명하다고 여기는 사람일수록 타인에게서 배우는 일을 소홀히 하기 쉽다. 그러나 공문자는 그런 교만을 경계하며, 누구에게든 배움을 구할 줄 아는 자세를 잃지 않았다. 참된 지성은 지식의 많고 적음이 아니라, 끊임없이 배우려는 태도에서 드러난다.

겸손, 삼감, 사랑, 바름의 리더십

> "
>
> 자산子産은 군자다운 네 가지 도를 지니고 있었다. 행실은 공손하고, 윗사람을 섬길 때는 공경하며, 백성들을 다스릴 때는 은혜롭고, 백성들을 부릴 때는 의리에 맞게 했다.
>
> **공자**
>
> "

자산은 정나라 사람으로 진나라와 초나라가 패권을 다투던 격동의 시대에 뛰어난 학식과 설득력 있는 언변으로 나라의 안위를 지켜낸 인물이었다. 그는 사사로운 욕심을 앞세우지 않고 도리에 따라 행동했으며, 백성을 위하는 정치에 있어서는 언제나 백성의 마음에서 출발해 은혜롭고 의로운 정치를 실천했다.

공자가 자산을 높이 평가한 이유도 여기에 있다. 자산이 갖춘 네 가지 덕, 공恭은 겸손함을, 경敬은 삼가고 조심하는 태도를, 혜惠는 사랑과 배려를, 의義는 올바름을 뜻한다. 이 네 가지는 군자가 지녀야 할 기준이자, 한 나라를 바로 세우는 힘이었다. 공자는 제자들에게 자산을 거울삼아 이러한 기질을 삶의 중심에 두라고 당부했다. 오늘의 리더십 역시 성과보다 태도에서, 권력보다 신뢰에서, 지시보다 영향력에서 그 진가가 드러난다.

공자가 꿈꾼 사람다운 삶

공자 "너희들이 가슴에 품고 있는 뜻이 있거든 허심탄회하게 말해 보라."

자로 "수레와 말과 가죽옷을 친구들과 함께 쓰다가 설령 제가 못 쓰게 되더라도 서운해하지 않을 것입니다."

안연 "제가 잘하는 것을 자랑하지 않고, 남을 수고롭게 하고 싶지 않습니다."

자로 "이제는 선생님의 말씀을 듣고 싶습니다."

공자 "나는 노인들을 편안하게 하고, 벗에게는 믿음을 주며, 젊은이들을 잘 보살펴 주고 싶다."

안연顔淵과 자로가 공자와 함께 잠시 쉬며 나눈 대화로 사제 사이의 격식을 넘어 서로의 내밀한 마음이 자연스럽게 드러난 장면이다. 비록 각자가 지향하는 바는 달랐지만, 세 사람의 말에는 공통으로 이타적인 마음이 깔려 있다. 공자는 과거를 잇는 노인에게는 편안함을, 지금 곁을 함께하는 벗에게는 신뢰를, 그리고 미래를 살아갈 젊은 세대에게는 따뜻한 보살핌과 가르침을 전하고 싶다는 바람을 담담히 밝혔다.

주자朱子는 이 구절을 두고 이렇게 풀이했다. 자로는 남을 구제하고 외물을 통해 이롭게 하려는 마음을 지녔고, 안연은 외물과 자신을 고르게 대하는 마음을 품었으며, 공자는 만물이 각자의 자리를 얻도록 하려는 마음을 지녔다는 것이다. 이 대화는 공자의 인격과 그가 지향한 삶의 이상을 가장 아름답게 보여주는 한 장면이라 할 만하다.

좋은 삶은 나 하나만 잘되는 것으로 완성되지 않는다. 함께 일하는 사람을 편안하게 하고, 곁에 있는 이들에게는 믿어도 좋겠다는 확신을 주며, 뒤를 잇는 사람들에게는 기회를 열어주는 태도에서 삶의 깊이가 드러난다. 그런 마음가짐이야말로 사람을 큰 인물로 이끈다.

배움과 수양으로
삶을 단단하게 하다

신중함과 실행력의 균형

> 두 번이면 족하다.
>
> **공자**

계문자季文子는 늘 세 번이나 깊이 헤아린 뒤에야 행동으로 옮기는 사람이었다. 그의 신중함은 미덕이었지만, 이 이야기를 들은 공자는 '두 번이면 족하다'고 말하며 과도한 신중함을 경계했다. 제나라의 대부였던 계문자는 매우 치밀하고 철저한 성품을 지녔으나 공자의 판단은 분명했다.

모든 일을 지나치게 신중하게 대하면 망설임이 길어지고, 그만큼 결단과 실행의 힘이 약해질 수 있다. 두 차례 깊이 숙고했다면 이미 충분히 살핀 셈이며, 그 이후의 고민은 생각을 더 또렷하게 만들기보다 오히려 마음을 흔들고 판단을 흐릴 가능성이 크다. 더구나 일에는 반드시 '때'가 있다. 생각이 길어지는 사이 적기를 놓친다면, 가장 옳은 선택조차 그 의미를 잃을 수 있다.

지혜보다 더 어려운 '바른 어리석음'

> **"**
> 영무자南武子는 나라에 도가 행해질 때는 지혜로웠고, 나라에 도가 사라졌을 때는 어리석었다. 그의 지혜로움은 따를 수 있지만, 그의 어리석음은 따를 수 없다.
>
> **공자**
> **"**

영무자는 위나라의 대부로 나라가 흔들리고 불충한 무리가 판을 치던 시절에도 굳센 의지와 절의를 지킨 인물이다. 그는 나라가 위태로울 때 자신의 안위를 조금도 돌아보지 않을 정도로 '어리석어' 보일 만큼 헌신했다. 하지만 공자가 말한 그 '어리석음'은 무지나 무모함이 아니라, 이익을 따지지 않고 도리를 지킨 우직한 충절을 뜻한다. 요령 부리지 않고 교묘한 아첨을 하지 않으며, 정면으로 도리에 따르는 사람의 태도였다. 공자는 바로 이 점을 높이 평가했다.

혼란의 시대일수록 우직한 충절은 더 빛난다. 질서가 잡힌 세상에서 지혜롭게 처신하는 것은 누구나 할 수 있지만, 혼란 속에서도 원칙을 지키는 태도는 아무나 흉내 낼 수 없는 군자의 본*이라는 뜻이다. 요령과 전략이 넘치는 세상에서 '정직한 일관성'을 지켜내는 사람은 시간이 지날수록 더욱 귀한 존재로 남는다.

겉만 번듯한 학문을 경계하라

> 돌아가자. 돌아가자. 제자들의 글이 제멋대로구나. 문장만 번듯할 뿐, 마무리하는 법을 알지 못하는구나.
>
> **공자**

공자가 진나라에 머물던 시절, 제자들을 꾸짖으며 남긴 말이다. 공자는 제자들의 학문이 겉으로는 화려하고 능숙해 보이지만, 그 속은 비어 있어 아직 본질에 이르지 못했다고 지적했다. 글을 짓는 재주는 갖추었으나, 뜻을 끝까지 완성하고 삶으로 마무리하는 힘, 곧 학문의 내실과 실천력이 부족하다는 판단이었다. 그래서 그는 이 말을 통해 다시 초심으로 돌아가 학문의 뿌리를 돌아볼 것을 일깨웠다.

이 구절은 또한 당시 공자의 심경을 엿볼 수 있는 대목이기도 하다. 원대한 뜻을 품고 있었음에도 현실의 벽 앞에서 제자들뿐 아니라 자신 역시 아직 미진함이 있음을 솔직하게 인정한 것이다. 역설적으로 바로 이 자각의 순간이 공자를 '위대한 스승'으로 이끄는 분기점이 되었을지도 모른다. 만약 공자가 고국으로 돌아가 요직을 얻고 정치적 성공에 머물렀다면, 그는 역사 속에서 그저 한 제후국의 유능한 대신으로 남았을 가능성이 크다.

그러나 그는 배움과 가르침의 길에서 자신의 도를 끊임없이 다듬어갔으며, 그 일관된 태도 덕분에 2,500년이 넘는 시간 동안 동아시아 사상과 문화의 중심에 자리할 수 있었다.

부끄러움의 기준

> **"**
> 교묘한 말과 보기 좋게 꾸민 얼굴로 굽실대는 것을 좌구명左丘明은 수치로 여겼는데, 그것은 나 역시도 마찬가지다.
>
> **공자**
> **"**

공자는 남에게 잘 보이기 위해 자신을 꾸미고, 타인의 시선을 의식해 말과 표정을 조정하는 태도를 진심 없는 행동으로 보았다. 사람을 대하는 데 가장 중요한 것은 외형적 치장이 아니라 마음의 진정성이라고 여겼기 때문이다. 그래서 그는 강직하고 의연한 사람이 인仁에 가깝고, 뜻이 굳세며 헛된 말을 삼가는 사람들 가운데 참된 덕을 지닌 이들이 많다고 말했다.

이 말은 제자들이 "부끄러움을 안다는 것은 무엇입니까?"라고 묻자, 공자가 노나라의 태사였던 좌구명左丘明이 평생 수치로 여겼던 원칙을 인용하며 "나 또한 같은 마음이다."라고 밝힌 데서 나온 것이다. 겉으로 잘 보이기 위한 말솜씨나 인위적인 꾸밈은 오래가지 못하며, 오히려 덕을 손상시킬 수 있다는 경계의 뜻이 담겨 있다. 과한 포장과 이미지 만들기는 잠시 호감을 얻을 수 있을지는 몰라도, 시간이 지나면 그 공허함이 드러난다. 결국 꾸밈없는 담담한 진심만이 관계를 오래도록 끈끈하게 만든다.

배우기를 좋아하는 마음의 가치

> 작은 고을일지라도 충실하고 믿음직스러운 사람은 반드시 있게 마련이다. 하지만 배우기를 좋아하는 사람은 많지 않을 것이다.
>
> **공자**

공자는 진심으로 학문을 즐기며 배우려는 사람이 얼마나 드문지를 지적하고 있다. 이는 단순히 '배우는 사람이 적다'는 뜻이 아니라, 배움의 목적이 출세나 이익이 아니라 순수한 탐구와 자기 수양에 있어야 함을 강조한 말이다. 달리 바라보면 당시 많은 이가 학문을 벼슬을 얻기 위한 수단으로 삼고 있었음을 에둘러 비판하는 뉘앙스도 담겨 있다.

그래서 공자는 배움 그 자체를 기쁨으로 여겼던 안회의 태도를 특별히 아꼈다. 이 구절 역시 뛰어난 자질은 타고날 수 있으나, 지극한 도道는 오직 배움을 통해서만 온전히 깨달을 수 있다는 이치를 전한다. 배우지 않으면 범인凡人의 한계를 벗어나기 어렵지만,

배우고 또 배우면 성인의 경지에도 이를 수 있다는 가르침이다. 공자 자신 또한 부모를 일찍 여의고 여건이 넉넉지 않았으나, 배움을 향한 꾸준한 의지와 노력을 통해 마침내 성인의 반열에 이를 수 있었다.

오늘날에도 '배우기를 좋아하는 마음'은 여전히 가장 큰 경쟁력이다. 눈앞의 성과나 직급보다 배움을 멈추지 않는 태도가 사람을 성장하게 만든다.

옹아雍也편

길이 아니면 가지 않는다는 결심

옹야편에서는 역사 속에서 덕과 인을 실천했던 현인들의 이야기를 통해 참된 인품과 이상적인 덕의 의미를 다시 일깨운다. 또한 공자가 여러 제자를 평가한 내용도 많이 실려 있어 공자가 생각한 '군자의 기준'이 무엇이었는지 자연스럽게 알 수 있다.

전반부에는 인물들을 비판적으로 언급한 구절이, 후반부에는 칭찬하는 구절이 이어지는 독특한 구성이 특징이다. 오늘날에도 자주 인용되는 '아는 사람은 좋아하는 사람만 못하고, 좋아하는 사람은 즐기는 사람만 못하다'는 말 역시 옹야편에서 나왔다.

또 공자가 맹지반孟之反 두고 "그의 행동은 담백해 특별한 맛은 없지만 싫지 않고, 간략하지만 아름다우며, 오래 두어도 빈틈이 없다."라고 평한 대목도 인상적이다. 이는 사람됨을 바라보는 공자의 기준이 얼마나 섬세했는지를 보여준다. 이처럼 옹야편은 인격의 아름다움이 무엇인지, 그리고 올바른 길을 걷는 태도가 어떤 모습이어야 하는지를 다시 생각하게 하는 장이라 할 수 있다.

사람을
중심에 두는 판단

겉은 너그럽게, 속은 단단하게

공자 "옹雍은 임금이 될 만하다."

그러자 중궁이 자상백자子桑伯子의 인물됨에 대해 물었다.

공자 "괜찮은 사람이다. 소탈하다."

중궁 "평소에는 몸가짐을 경건하게 하고, 백성들을 대할 때는 소탈하면 좋다고 생각합니다. 그러나 몸가짐도 소탈하고, 백성들을 대하는 태도도 모두 소탈하다면 그것은 지나친 소탈함이 아닙니까?"

공자 "그래, 네 말이 옳다."

옹은 염옹冉雍으로, 자는 중궁仲弓이다. 그는 안연과 더불어 공자의 문하에서 특히 덕행이 높았던 인물로 꼽힌다. 그런 그에게 '임금이 될 만하다'는 평이 내려졌다는 점은 공자의 기준으로 보아도 상당히 파격적인 칭찬이라 할 수 있다. 이 구절에서 제기되는 핵심 논점은 리더가 지녀야 할 '소탈함'의 균형에 있다. 자신을 다스릴 때는 삼가고 절제하며 내면을 단단히 세우고, 사람을 대할 때는 소탈하고 너그럽게 행동해야 한다.

그러나 사람들에게 편하게 다가가려다 자신을 다스리는 기준까지 느슨해진다면, 그것은 리더에게 필요한 절제를 해치는 지나침이 된다. 염옹의 견해에 공자가 동의한 이유도 여기에 있다. 리더는 먼저 스스로 정제하고 다스릴 수 있어야 하며, 그 태도가 바탕이 될 때 타인을 따뜻하게 이끌 수 있다. 오늘날의 리더십 역시 같은 원리가 통한다. 일상에서는 절제와 경건함을 지키고, 사람을 대할 때는 편안함과 유연함을 더하는 것, 이 두 가지의 균형이 신뢰를 만든다.

귀히 쓰이는 사람의 조건

66

얼룩소의 새끼라도 털이 붉고 뿔이 반듯하면, 비록 사람이 쓰지 않으려고 하더라도 산천의 신들이 그냥 내버려두겠는가?

공자

99

공자가 제자 중궁을 두고 한 평가다. 얼룩소의 새끼는 대개 털빛과 뿔이 고르지 않아 값어치가 떨어진다. 중궁의 아버지 역시 신분이 낮고 행실 또한 좋지 않았다고 전해진다. 그러나 중궁은 그러한 배경과는 달리 스스로 갈고닦아 바른 인품을 갖춘 인물이었다. 공자는 바로 이 점을 높이 보았다.

공자가 전하고자 한 뜻은 분명하다. 비록 출신이나 환경이 보잘것없어 보일지라도, 마음을 닦고 품성을 바로 세운 사람이라면 결국 큰 그릇으로 쓰일 수 있다는 것이다. 얼룩소의 새끼라 하더라도 색과 뿔이 곱다면 귀하게 여겨지듯이 중궁 역시 타고난 한계를 자신의 수양으로 넘어선 사람이었다.

사람은 태어나는 환경을 선택할 수는 없지만, 그 이후의 삶을 어떻게 단련할지는 온전히 자신의 몫이다. 공자는 중궁을 통해 인간의 가치는 출발선이 아니라 스스로 다듬어 온 시간 속에서 완성된다는 사실을 일깨운다.

사람을 알아보고, 사람을 세우는 법

계강자 "자로는 정사를 맡길 만합니까?"

공자 "자로는 과감한 면이 있으니, 정사를 맡기는 데 아무런 문제가 없을 것이다."

계강자 "자공은 정사를 맡길 만합니까?"

공자 "자공은 사리에 밝으니, 정사를 맡기는 데 아무런 문제가 없을 것이다.”

계강자 “염구冉求는 정사를 맡길 만합니까?”

공자 “염구는 재주가 많으니, 정사를 맡기는 데 아무런 문제가 없을 것이다.”

공자는 '인仁'을 바탕으로 한 정치를 통해 세상을 바로 세우고자 했다. 그러나 그의 이상은 당시의 군주들에게는 지나치게 높고 비현실적인 꿈처럼 여겨져 끝내 실현되지 못했다. 그럼에도 공자는 마지막까지 희망을 놓지 않았다. 자신이 이루지 못한 뜻이 제자들의 삶에서 이어지기를 바랐기 때문이다.

그래서 그는 제자들의 부족함보다 먼저 그들이 지닌 장점을 보았고, 각자의 강점을 살려 역할을 맡길 수 있다고 판단해 계강자季康子에게 추천했다. 이는 공자의 정치 이상이 단순한 제도나 이론에 머문 것이 아니라, 사람을 이해하고 사람을 키우는 방식에 있었다는 사실을 보여준다.

오늘의 조직에서도 마찬가지다. 완벽한 인재를 찾기보다 각자의 가능성을 정확히 알아보고 제자리에 놓을 줄 아는 리더가 결국 더 큰 성과를 만든다.

사람을 알아보는 능력

공자 "그 고을을 맡을 만한 사람을 얻었느냐?"

자유 "담대멸명澹臺滅明이라는 인물이 있습니다. 그는 길을 가도 지름길로 가지 않고, 공적인 일이 아니면 저의 집에도 쉽게 발걸음하지 않는 사람입니다."

자유는 무성武城을 관장하는 관리가 되었다. 무성은 노나라 도성 아래에 자리한 작은 읍이었다. 담대는 그의 성姓이고, 멸명은 이름이며, 자는 자우子羽이다.

공자는 누구보다도 올바른 인재를 발탁하는 일을 중시했다. 아무리 작은 고을이라 하더라도 한 사람의 능력만으로는 온전히 다스릴 수 없으며, 결국 함께 일하는 이들의 덕성과 기품이 그 공동체의 수준을 결정한다고 보았기 때문이다. 그래서 공자는 자유에게 훌륭한 인물을 얻었는지를 물었다. 자유는 스승의 가르침대로 원칙을 지키는 곧은 인재를 찾아냈다며 그 기쁨을 숨기지 않았다. 담대멸명은 편법이나 사사로운 관계에 흔들리지 않는 강직한 사람이었고, 공자가 말한 '믿고 맡길 만한 인재'의 조건을 고루 갖춘 인물이었다.

리더에게 중요한 능력 가운데 하나는 일을 잘하는 사람을 고르는 재주가 아니라, 정직함과 책임감을 지닌 사람을 알아보는 '눈'이다. 그런 안목이 조직을 오래가게 하고, 공동체를 탄탄하게 만든다.

공을 내세우지 않는 리더의 태도

> 맹지반孟之反은 공을 자랑하지 않는 사람이다. 전쟁에 패하여 후퇴할 때, 그는 후진에서 적을 막는 어려운 일을 했다. 그러나 일을 끝내고 성문에 들어설 때, 말을 채찍질하며 외치기를 '내가 후미를 맡은 것이 아니라 말이 나아가지 않았을 뿐이다.'라고 말했다.
>
> **공자**

맹지반은 노나라의 대부로 제나라와의 전쟁에서 퇴각을 지휘했던 장수였다. 후퇴할 때 후방을 맡는 일은 목숨을 걸어야 하는 가장 험한 자리였으며, 보통은 그 역할을 맡은 자에게 큰 공로가 돌아갔다. 그러나 그는 위태로운 후미를 홀로 지켜내고도 이를 자신의 능력이 아니라 '말이 느렸기 때문'이라며 자신을 낮추었다.

공자는 이러한 그의 태도를 높게 평가했다. 공이 있어도 드러내지 않고, 한 일이 크더라도 자신을 먼저 돌아보는 사람. 공자는 진정한 군자의 기품이란 바로 이런 겸허함과 절제에서 드러난다고 보았다.

기본을 지키는 사람이 큰길을 연다

"

방을 나갈 때 문을 통하지 않고 나가는 사람은 없다.
그런데 사람으로서 당연히 가야 할 길을 가지 않는 것
은 무엇 때문인가?

공자

"

문을 지나야 밖으로 나갈 수 있듯이 덕을 쌓지 않고서는 도道를
실천할 수 없다는 뜻이다. 우리는 흔히 '도'라고 하면 노자와 장자
를 떠올리지만, 공자가 말한 도는 도가道家의 형이상학을 넘어 '인의
仁義'라는 인간다움의 원칙을 가리킨다.

공자는 마땅히 걸어야 할 올바른 길이 분명히 있음에도 사람들
이 그 길을 외면하고 더 쉬운 방향으로 흘러가는 현실을 안타까워
하며 이 말을 남겼다. 도는 멀리 있는 추상이 아니라 이미 눈앞에
열려 있는 '문'과도 같은데, 정작 사람들이 그 문을 지나려 하지 않
는다는 것이다.

큰 성취는 특별한 비법에서 비롯되지 않는다. 책임을 다하고, 약
속을 지키며, 관계와 일 앞에서 성실함을 놓지 않는 태도. 이처럼
당연해 보이는 기본이 곧 '문'이다. 그리고 그 문을 한 걸음씩 통과
해 가는 삶의 과정에서 형성된다.

중용은 속과 겉이 함께 아름다운 것

> 본바탕이 겉모습을 넘어서면 야인처럼 거칠어지고, 겉모습이 본바탕을 누르면 형식적으로 된다. 겉모습과 본바탕이 고루 어울려야 군자답다고 할 수 있다.
>
> **공자**

공자가 말한 '본바탕'은 질質, 곧 사람이 살아오며 자연스럽게 길러온 내면의 자질을 가리킨다. 이에 비해 '겉모습'은 문식文飾으로 예절과 말씨, 태도처럼 의식적으로 다듬어 드러내는 외적인 표현을 뜻한다. 이 두 가지 가운데 어느 한쪽으로만 기울면 균형은 쉽게 무너진다.

'질'만을 앞세우면 거칠고 투박해지기 쉽고, 문식만을 강조하면 내용 없는 꾸밈으로 흐르기 마련이다. 그래서 공자는 군자라면 겉으로 드러나는 예禮와 품격이 단정해야 할 뿐 아니라, 그 바탕이 되는 덕성 또한 단단히 갖추어야 한다고 보았다. 이것이 그가 말한 '중용'의 핵심이다.

내면의 가치와 외적인 표현이 함께 자라고 조화를 이룰 때, 말과 행동에는 무게가 실리고 사람에게는 자연스러운 영향력이 생긴다. 꾸밈과 본바탕이 서로를 떠받칠 때, 인품은 깊이를 갖추게 된다.

요행에 기대지 않는 삶

> " 사람은 정직해야 한다. 정직하지 못한 사람은 요행히
> 화나 면할 뿐이다.
>
> **공자**
> "

공자는 인간이 짐승과 달리 곧게 서 있는 존재인 만큼 삶 또한 그와 같이 곧고 정직해야 한다고 보았다. 바르게 사는 일은 특별한 선택이 아니라 인간에게 주어진 본래의 길이라는 뜻이다. 겉으로는 요령 있게 살아가는 것처럼 보여도, 바르지 못한 삶은 오래 지속되기 어렵다. 그것은 실력이나 덕에서 비롯된 안정이 아니라 잠시 스쳐 가는 요행에 가깝기 때문이다.

사람이 만든 법과 제도는 때로 피해 갈 수 있을지 모르지만, 세상 이치와 도덕의 큰 흐름에서 비롯되는 결과까지 비켜 갈 수는 없다. 공자는 바로 이 점을 경계했다. 눈앞의 이익을 좇는 편법보다 원칙을 지키며 살아가는 태도가 더 넓은 기회와 오래가는 신뢰로 돌아온다는 것이다.

바른길을
끝까지 선택하는 힘

안회가 보여준 진짜 학문의 힘

애공 "제자들 가운데 누가 학문을 제일로 좋아합니까?"

공자 "안회가 학문을 특히 좋아했습니다. 그는 노여움을 남에게 옮기지 않았고, 같은 잘못을 반복하지도 않았습니다. 그러나 불행히도 명이 짧아 일찍 세상을 떠났습니다. 그 이후로는 학문을 이처럼 사랑하는 이를 보지 못했습니다."

애공은 노나라의 임금이다. 그가 공자에게 학구열이 가장 뛰어난 제자가 누구였는지를 묻자, 공자는 안회를 떠올리며 그의 삶을 회상했다. 안회가 얼마나 깊이 배움에 몰두했고, 또 얼마나 철저하게 스스로 수양했는지를 생각하며 안타까운 마음을 드러낸 것이다.

여기서 '노여움을 옮기지 않았다'는 말은 자신의 감정을 타인에게 전가하거나 관계 속으로 끌어들이지 않았다는 뜻이다. 우리의 마음에는 이성과 감정이 늘 함께하지만, 실제 관계에서는 감정이 먼저 앞서는 경우가 많다. 그러나 안회는 감정이 일어나는 순간에도 타인을 상하게 하거나 관계를 흐트러뜨리지 않았다. 이는 그의 내면이 그만큼 단단히 절제되어 있고, 배움을 통해 마음을 다스릴 줄 알았다는 증거다.

'진정으로 배움을 사랑하는 사람'은 감정의 흐름에 자신을 내맡기지 않는다. 감정이 일어날 때 그것을 알아차리고 가다듬는 힘, 그리고 한 번의 실수를 반복하지 않기 위해 스스로 점검하는 태도, 이 두 가지는 깊은 배움에서 비롯되는 내면의 힘이다.

못 하는 것이 아니라, 시작하지 않은 것이다

염구 "선생님의 도를 좋아하지 않는 것은 아닙니다만, 제가 배우기에는 힘이 부족합니다."

공자 "힘이 부족한 자는 중도에 그만두지만, 너는 해 보지도 않고 스스로 선을 긋고 있구나."

공자가 꾸짖은 것은 염구의 능력이 아니라 스스로 한계를 규정해 버리는 태도였다. 진정으로 힘이 부족한 사람은 끝까지 가보려 애쓰다 기력이 다해 멈춘다. 그러나 염구는 아직 자신의 힘을 다써보지도 않았고, 시도조차 하지 않은 채 "저는 할 수 없습니다."라고 스스로 제한하고 있다.

쌍봉요씨雙峯饒氏도 '힘이 부족하다는 것은 기질이 약하여 천리天理가 인욕人欲을 이기지 못하는 것'이라고 풀이했다. 하지만 염구의 경우는 애써 본 뒤의 한계가 아니라 애써 보기도 전에 내려진 단정이었다. 이는 곧 자신의 가능성에 스스로 족쇄를 채우는 일과 다르지 않다.

이 가르침은 학문에만 국한되지 않는다. 삶 역시 마찬가지다. 오늘 조금이라도 나아가지 않으면, 우리는 그만큼 제자리에 머무르게 된다. 한계를 만드는 것은 능력의 많고 적음이 아니라, 마음가짐이다. 스스로 그어 둔 선을 넘는 순간, 비로소 성장의 문은 열린다.

우리는 종종 '재능이 부족해서', '아직 여건이 되지 않아서'라는 말로 실제보다 훨씬 좁은 세계 안에 자신을 가둔다. 그러나 진짜 한계는 능력의 부족이 아니라 시작하지 않으려는 마음에 있다.

배움의 길은 단계가 있다

> 중간 이상의 사람에게는 높은 도를 말할 수 있지만, 중간 이하의 사람에게는 높은 도를 말할 수 없다.
>
> **공자**

아직 이차방정식도 익히지 못한 이에게 미분과 적분을 설명하는 일이 무의미하듯이 공자는 기초가 갖춰지지 않은 사람에게 높은 도리를 말하는 것 또한 통하지 않는다고 보았다. 말이 통하지 않는 상태에서 대화를 이어가면, 상대를 설득하지 못할 뿐 아니라 자신의 말마저 가벼워질 수 있기 때문이다.

학문은 처음부터 높은 단계로 뛰어오를 수 있는 것이 아니라 반드시 밑바탕을 다진 뒤에야 한 걸음씩 올라설 수 있다. 준비되지 않은 상태에서 심오한 가르침을 들려주는 것은 오히려 혼란만 키울 뿐이다.

배움은 기초를 단단히 세우고, 그 위에서 차근차근 난이도를 높여 심오한 단계로 나아가야 한다. 공자는 성급한 도약보다 묵묵히 쌓아 올리는 공부의 힘을 믿었다.

지혜는 분별에서, 어짊은 책임에서 드러난다

번지 "지혜롭다는 것은 무엇입니까?"

공자 "인간의 도리에 힘쓰되, 설령 귀신을 공경하더라도 멀리해야 한다. 그래야 지혜롭다고 할 수 있다."

번지 "인이란 무엇입니까?

공자 "어려운 일은 남보다 앞장서고, 이득이 되는 일은 남보다 뒤에 해야 한다. 그래야 어질다고 할 수 있다."

여기서 말하는 '귀신'은 조상을 가리킨다. 인간으로서 마땅히 지켜야 할 도리를 삶의 중심에 두면서도, 조상에 대해서는 공경의 마음을 잃지 않되 과도한 의존이나 비합리적인 판단에 머물러서는 안 된다고 보았다. 전통을 존중하되 그 안에 머무르기보다 스스로 책임지는 삶을 살아야 한다는 뜻이다.

아울러 공자는 어진 사람의 태도에 대해서도 분명히 했다. 남들이 피하려는 어려움 앞에서는 먼저 나서고, 그 결과로 돌아오는 이익에는 욕심내지 않는 사람. 그런 자세야말로 덕의 깊이를 보여준다고 보았다. 편안함보다 책임을 택하고, 이익보다 역할을 먼저 떠안는 태도에서 더 큰 뜻과 성취에 다가갈 수 있기 때문이다.

지혜는 변화를 읽고, 어짊은 마음을 지킨다

> **66**
>
> 지혜로운 자는 물을 좋아하고, 어진 자는 산을 좋아한다. 지혜로운 자는 동적動的이고, 어진 자는 정적靜的이다. 지혜로운 자는 즐겁게 살고, 어진 자는 장수한다.
>
> **공자**
>
> **99**

물은 늘 두루 흘러가며 스스로 막아 세우지 않는다. 지혜로운 사람 또한 그러하다. 변화가 일어나는 자리에서도, 막힘이 드러나는 순간에도 사물 속에 깃든 궁극의 이치를 발견하고, 일의 흐름을 풀어가는 과정 자체를 즐긴다. 삶의 국면마다 다른 얼굴로 다가오는 문제에서 길을 찾는 일은 그에게 사유의 기쁨이 된다.

반면, 산은 모든 것을 품은 채 말없이 자리를 지킨다. 어진 사람의 마음도 이와 닮아 있다. 그는 '인仁'을 내면에 깊이 간직하고 있기에 외부의 사물과 쉽게 충돌하지 않으며, 마음에 쓸데없는 번뇌를 쌓지 않는다. 그 고요한 내적 균형이 삶을 길게 이어주는 바탕이 된다.

공자는 이처럼 지자知者와 인자仁者가 각기 다른 대상을 좋아한다고 말하지만, 이는 단순한 취향의 차이를 뜻하지 않는다. 그 이면에는 타고난 기질과 더불어 삶의 과정 속에서 자신을 어떻게 단련해 왔는가 하는 후천적 수양의 깊이가 함께 작용하고 있음을 놓쳐서는 안 된다.

선의와 무모함을 구분하는 지혜

재아 "어진 사람이라면 누가 거짓으로 사람이 우물에 사람이 빠졌다고 하면, 우물 속까지 뛰어 들어가야 합니까?"

공자 "어찌 그렇게 하겠느냐. 군자는 우물까지는 달려가겠지만 우물 속으로 들어가지는 않는다. 그럴듯한 말로 잠시 속일 수는 있어도 사리 판단까지 흐리게 할 수는 없다."

재아宰我는 공자의 제자 가운데 한 사람으로 말솜씨가 뛰어나고 총명했으나 한편으로는 경박하고 얄팍한 면이 있었다고 평가되는 인물이다. 군자는 그럴듯한 말에 잠시 솔깃할 수는 있어도, 이치에 어긋난 거짓에 휘둘릴 만큼 어리석지는 않다는 뜻이다. 설령 누군 가 우물에 빠졌다고 하더라도 군자는 우물 밖에서 사람을 구할 방법을 찾지, 무모하게 함께 뛰어들지 않는다. 이는 누구나 아는 단순한 이치였음에도, 재아는 일부러 짓궂은 질문을 던진 것이다.

그는 결국 스승의 가르침을 깊이 새기지 못한 채 제나라의 난에 연루되어 목숨을 잃었다고 전해진다.

선의라도 판단력을 잃으면 함께 빠져들 수 있다. 그래서 군자는 감정과 이성을 구분하며, 상황에 맞는 거리를 유지한 채 대응한다. 이것이 공자가 말한 성찰의 태도이자 삶을 지키는 지혜다.

남에게 먼저 베푸는 연습

자공 "백성들에게 널리 은혜를 베풀고, 많은 사람을 구제한다면 '인'이라 할 수 있습니까?"

공자 "어찌 '인'만이라고 하겠느냐? 반드시 성인의 경지일 것이다. 요임금과 순임금조차도 그렇게 하지 못하는 것을 근심으로 여겼다. '인'이란 자신이 서고자 하면 남부터 서게 하고, 자신이 이루고자 하면 남부터 이루게 해 주는 것이다. 곧 자기 마음을 미루어 남을 이해하고 배려하는 것, 이것이 인을 실천하는 길이다."

자공은 뛰어난 언변과 정치적 수완을 갖춘 인물로 노나라와 위나라에서 재상에까지 오른 인재였다. 경제적 능력 또한 탁월해 큰 재산을 모았고, 그 재력을 바탕으로 공자를 물심양면으로 도왔다. 그는 남의 장점을 찾아 칭찬하기를 좋아했으며, 능력이 비범해 공자보다 더 뛰어나다는 평가를 듣기도 했다.

그러나 그런 자공조차 '인仁'을 마음에 품었을 뿐, 그것을 어떻게 실천해야 하는지는 잘 알지 못했다. 그래서 그는 '널리 베풀어 사람들을 구제하는 일'이 과연 인에 해당하는지 묻는다. 이에 대해 공자는 그러한 경지는 이미 '성聖'의 영역에 속한다고 답했다.

여기서 말하는 인은 사람의 이치를 꿰뚫어 위아래와 크고 작은 차이를 두루 살피는 덕목이며, '성'은 그 덕을 극진히 실현해 마침내 최고 경지에 이른 상태를 뜻한다. 공자가 강조한 것은 거창한 선행이 아니라, '내가 바라는 바를 남에게 먼저 베풀어 보는 연습'이야말로 인의 출발점이라는 것이다. 타인을 돕겠다는 큰 이상보다 일상에서 먼저 배려하고 양보하는 작은 선택이 관계의 질을 바꾼다.

술이述而편

호기심은 깨달음의 시작이다

술이편은 공자가 학문을 어떻게 이해했는지, 그 배움을 어떤 방식으로 제자들에게 전했는지를 보여주는 장이다. 그래서 현인과 군자, 어진 이들의 덕행을 소개하는 내용이 특히 많이 등장한다. 『논어』 전체에서도 유난히 아름다운 문장이 많아 공자의 겸손한 품성과 스승으로서의 태도가 가장 생생하게 나타나는 장이기도 하다.

우리는 흔히 공자를 큰 성인으로만 떠올리지만, 술이편에 나타난 공자는 배움의 가치를 강조하고 올바른 삶을 탐구한 '한 사람'에 가깝다. 그는 자신의 부족함을 숨기지 않았고, 그 부족함을 메우기 위해 쉼 없이 노력했다.

결국 차이는 아주 단순하다. 어떤 이는 배움의 중요성을 모르고, 어떤 이는 알지만 움직이지 않으며, 또 어떤 이는 알고 난 뒤 끝까지 실천한다. 술이편은 바로 이 작은 차이가 성장하는 사람과 그렇지 못한 사람을 가르는 분기점임을 일깨워 준다.

배움이
곧 인격이 된다

전승의 힘, 창작의 뿌리

> "
>
> 옛것을 익혀서 전할 뿐 창작은 하지 않는다. 옛것을 믿
> 고 좋아하니 나를 은근히 노팽老彭에게 견주곤 한다.
>
> **공자**
>
> "

'노팽'은 노자와 팽조彭祖를 가리킨다. 특히 팽조는 팔백 살까지 살았다는 전설로 유명한 상나라 사람으로 옛 고사와 전통을 즐겨 기록한 인물로 알려져 있다. 공자는 앞서 '옛것을 배우고 익혀 깨달으면 남의 스승이 될 수 있다'고 말한 바 있는데, 이러한 인식 때문인지 그는 새로운 사상을 창작하기보다 기존의 지혜를 정리하고 편찬하는 일에 더 깊이 힘을 기울였다.

실제로 공자는 역사서인 『춘추春秋』를 남겼고, 『주역周易』은 가죽

끈이 세 번 끊어질 정도로 거듭 탐독했지만, 이를 자의적으로 고치기보다는 후대 사람들이 이해할 수 있도록 체계를 세우고 전승하는 데 주력했다. 그의 학문은 새로움을 앞세우기보다 오래된 지혜가 끊어지지 않도록 다리를 놓는 작업에 가까웠다.

이러한 편찬과 제자 양성의 노력은 오늘날 유학의 토대가 되었고, 전통을 현대까지 이어주는 중요한 통로가 되었다. 창작이란 완전히 새로운 것을 만들어내는 일만을 뜻하지 않는다. 때로는 이미 존재하는 지혜를 정확히 읽어내고, 그것을 현재의 삶과 연결하는 데서 비롯된다. 오늘을 사는 우리에게도 필요한 태도는 앞선 생각을 지우는 것이 아니라 제대로 이해하고 자기 삶의 언어로 다시 살아나게 하는 일일 것이다.

배우고 가르치는 삶이 남기는 유산

> 나는 묵묵히 배우고 익히며, 가르치는 일에 게을리하지 않았다. 그밖에 무엇이 또 있겠는가.
>
> **공자**

이 구절은 학문에 임하는 태도와 가르침의 의미를 함께 일러준다. 공자는 평소에도 옛 지식을 탐구하고 이를 제자들에게 전하는 일을 자신의 가장 큰 사명으로 여겼다. 정치적 이상을 실현고자 14년 동안 주유천하했으나 뜻을 이루지 못했을 때에도, 그는 좌절하지 않고 고향으로 돌아와 오직 교육에 전념했다. 그가 남긴 가르침은 수천 년에 걸쳐 동아시아의 정치·사회·문화 전반에 깊은 영향을 끼쳤고, '배움과 전수傳授'라는 인간적 가치를 시대를 넘어 이어주는 토대가 되었다.

인간의 삶은 끊임없는 선택과 그에 따른 결과로 이루어진다. 어떤 삶을 만들어갈 것인지는 각자의 몫이다. 삶의 의미는 사람마다 다를 수 있지만, 자신이 배운 것을 정리하고 다음 세대에 남기려는 태도만큼은 시대를 초월해 귀감이 된다. 바로 그 지점에서 우리는 성인의 모습을 발견하게 된다.

조화롭게 성장하는 삶의 방식

> 도에 뜻을 두고, 덕에 근거하며, 인에 의지하고, 예에서 노닌다.
>
> **공자**

도道에 뜻을 둔다는 것은 진리를 탐구하고 삶 속에서 실천하겠다는 마음을 세우는 일이다. 덕德에 근거한다는 것은 사람에게 본래 깃들어 있는 선한 본성을 삶의 중심축으로 삼는다는 뜻이며, 인仁에 의지한다는 것은 타인을 헤아리고 존중하는 마음을 행동의 기준으로 삼는다는 의미다. 또한 예禮에서 노닌다는 것은 배운 지식과 내면의 태도가 어긋나지 않게 조화를 이루어 자연스러운 품격으로 드러나는 삶을 가리킨다.

공자가 말한 군자의 길은 단편적인 능력이나 특정 분야의 전문성을 넘어선다. 그것은 학문과 수양, 감정과 의지가 서로 균형을 이루며 함께 자라는 전인全人의 길이다. 그래서 그는 한 가지 재능만을 앞세우는 삶이 아니라 육예六藝를 두루 익히고 지知·정情·의意를 함께 단련할 때 진정한 성숙에 이른다고 보았다.

군자의 삶은 타고난 특별한 재능에서 비롯되지 않는다. 오히려 어느 한 요소에 치우치지 않고, 자신을 여러 방향에서 고르게 채워가는 꾸준한 수양에서 형성된다. 오늘의 삶에서도 마찬가지다. 성과와 속도만을 좇기보다 생각과 감정, 태도와 행동이 서로 어긋나지 않는지를 돌아보는 일이 필요하다.

배움은 스스로 여는 문

> **"**
>
> 배우려는 열의가 없으면 끌어주지 않고, 표현하려고 애쓰지 않으면 일깨워주지 않으며, 한 귀퉁이를 보여주었을 때(거일우擧一隅) 나머지 세 귀퉁이를 미루어 알지 못하면 반복해서 가르치지 않는다.
>
> **공자**
>
> **"**

이 구절에서 말하는 '거일우擧一隅'는 한 모퉁이를 들어 보이면 나머지 세 모퉁이를 스스로 깨닫는 태도를 뜻한다. 새가 알을 깨고 나올 때, 새끼는 안에서 힘을 모으고 어미 새는 바깥에서 돕는다. 두 움직임이 서로 맞아야 새끼는 안전하게 세상으로 나올 수 있다.

교육 또한 이와 같다. 배우는 사람은 '알을 깨고 나올 힘'이 있어야 하고, 가르치는 사람은 그 힘을 키울 수 있도록 '적절한 도움'을 줘야 한다. 열의 없이 기대기만 하면 참된 배움이 일어나지 않고, 스스로 사고해 보지 않으면 지식은 깊어지지 않는다.

공자가 강조한 것은 배움의 주체성과 교육의 상호성이다. 이런 과정을 거쳐야 지식이 단단해지고, 스스로 문제를 해결하는 힘이 길러진다. 배움의 핵심은 '자기 의지'다. 스스로 궁금해하고 움직이지 않으면 어떤 배움도 오래 남지 않는다.

평생 배우는 사람의 마음가짐

> 66
> 내게 몇 년의 시간이 더 주어져 쉰 살에 『주역』을 배울 수 있다면 큰 허물은 없을 것이다.
>
> **공자**
> 99

공자가 실제로 『주역』을 공부하기 시작한 것은 쉰이 아니라 예순여덟 무렵이었다. 이미 인생의 황혼기에 접어든 시점이었으니 해야 할 일은 태산처럼 많고 남은 시간은 짧게만 느껴졌을 것이다. 이 구절은 참된 학자의 길이란 평생 배우는 자세에 있다는 사실을 다시금 일깨워 준다.

안중근 의사는 사형 집행일에 간수들이 마지막 소원을 묻자 "아직 다 읽지 못한 책이 있으니 조금만 시간을 주면 안 되겠느냐."라고 답했다고 한다. 노벨문학상 수상자인 한강 작가 또한 "책을 읽지 않고 살아갈 때는 부스러질 것 같다. 몇 줄이라도 읽어야 다시 모아지는 느낌이 든다."라고 말했다.

이처럼 배움을 즐기는 사람들의 태도에는 공통된 결이 있다. 배움은 나이를 가리지 않고, 남은 시간의 많고 적음 또한 본질적인 기준이 되지 않는다. 오히려 배움은 인간을 '지금, 이 순간' 더 나은 존재로 이끌며, 시간이 부족하다고 느껴질수록 그 간절함은 더욱 깊어진다.

천재보다 꾸준함이 이긴다

> 나는 태어나면서부터 세상의 도리를 알고 있었던 사람이 아니다. 다만 옛것을 좋아하여 쉼 없이 배우고 탐구해 왔을 뿐이다.
>
> **공자**

계씨편에서 "안다는 데에도 차등이 있다. 가장 높은 단계는 타고나면서 아는 것이고, 다음은 배워서 아는 것이며, 그다음은 곤란을 겪어야 배우는 것이고, 가장 낮은 단계는 곤란해져도 배우지 않는 것이다."라고 했다. 그러나 공자는 이러한 구분과는 달리 자기 스스로 '타고난 지혜를 지닌 사람'이 아니라 '배워서 아는 사람'으로 규정하며 겸손함을 보였다.

이는 지식이 완성되기까지는 타고난 재능보다도 꾸준히 배우려는 마음과 노력이 결정적인 힘이라는 사실을 누구보다 잘 알고 있었기 때문이다. 나아가는 사람은 타고난 사람이 아니라, 계속 배우는 사람이다.

세상 모든 사람이 나의 스승이다

> 세 사람이 함께 길을 가다 보면, 그중에는 반드시 스승이 될 만한 사람이 있다. 나보다 나은 사람에게서는 그 장점을 본받고, 나보다 못한 사람에게서는 그의 단점을 거울삼아 자기 스스로 바로잡아야 한다.
>
> **공자**

어진 이를 보면 그와 같아지려고 노력하고, 어질지 못한 이를 보면 반면교사로 삼아 자신을 돌아보라는 뜻이다. 그러므로 나보다 뛰어난 사람은 물론이고, 나보다 부족한 사람 역시 스승이 될 수 있다. 직장에서도 마찬가지다. 우리는 누군가 좋은 성과를 거두고 인정받을 때, 그 과정을 분석해 내 삶에 적용할 수 있을지를 고민하기보다 질투나 시기를 하거나 단순한 운이라고 치부하는 경우가 많다.

그러나 인생의 어느 지점에서도 마음만 열면 배울 것은 무궁무진하다. 시골이든 도심이든, 어느 환경에서든 스승은 늘 우리 곁에 있다. 배움의 기회는 특별한 순간에만 오는 것이 아니라 사람을 대하는 모든 일상에 있다.

배움은 늘 평범한 곳에 있다

> 너희들은 내가 무엇인가를 숨기고 있다고 생각하느냐? 나는 너희에게 숨기는 것이 없으며, 너희와 함께 행하지 않는 일도 없다.
>
> **공자**

공자가 성인이라는 사실은 두말할 필요가 없다. 그렇기에 제자들은 스승에게 어딘가 특별한 비결이나 감춰둔 가르침이 있을 것이라고 생각했을지 모른다. 단지 글을 읽고 예를 지키는 것만으로 충분할까, 혹은 말로 드러내지 않는 '비전祕傳' 같은 것이 있지 않을까 하는 마음이 있었던 것이다. 공자는 이러한 의심을 듣고 "너희와 함께 행하지 않는 것이 없다."라고 말함으로써 자신의 가르침에는 감춤이 없음을 밝혔다.

북송의 여대림呂大臨은 이 구절을 두고 "성인은 도를 실천함에 숨김이 없으니 천상의 운행처럼 밝아 지극한 가르침이 아닌 것이 없다. 늘 사람들 앞에 드러나 있으나 사람들이 스스로 살피지 못할 뿐이다."라고 설명했다. 즉, 성인의 가르침은 은밀한 비법이 아니라 일상의 모든 모습 속에 이미 드러나 있다는 뜻이다.

많은 사람이 성장의 비밀을 '어디엔가 감춰진 특별한 방법'에서 찾으려 하지만, 실제로 중요한 것은 매일의 행동과 일상의 반복, 실천을 통해 검증되는 원칙을 꾸준히 지켜 나가는 일이다. 공자가 말한 배움의 길은 멀리 있지 않다. 늘 곁에 있지만 스스로 들여다보지 않으면 보이지 않을 뿐이다.

창작은 깊이 있는 배움에서 시작된다

> ❝
>
> 제대로 알지도 못하면서 새로운 것을 만들어내려는 사람이 있지만, 나는 그런 일은 하지 않는다. 많이 듣고 그중에서 옳은 것을 따르며, 많이 보고 그중에서 나은 것을 마음에 새긴다면, 그것 역시 창작에 버금가는 일이다.
>
> **공자**
>
> ❞

완전한 앎의 경지에 이르기 전에는 진정한 창작에 도달하기 어렵다. 공자는 겸손하게 자신을 낮추면서도, 학문이 충분히 무르익지 않은 상태에서 성급히 창작을 시도하는 태도에 대해서는 분명한 경계를 그었다. 독창적인 글이나 작품은 저절로 솟아나는 것이 아니라, 학문이 일정한 깊이에 이른 뒤에야 비로소 가능해진다. 그에 이르지 못하면 창작은 새로움을 가장한 모방에 머물기 쉽다.

그래서 공자는 내용이 빈약한 글을 자만심으로 꾸며내기보다 많이 듣고 많이 보며, 그중에서 옳고 훌륭한 것을 가려 삶의 기준으로 삼는 태도를 먼저 갖추라고 말한다. 성급히 돋보이려 하기보다 차분히 쌓아가는 시간이 필요하다는 뜻이다. 한마디로 '잘난 체하며 서둘러 만들어내려 하지 말라'는 공자의 단호한 일침이라 할 수 있다.

삶을
굳건히 붙드는 기준

자신을 돌아보는 네 가지 질문

> **"**
> 덕을 닦지 않고, 학문을 익히지 않으며, 의를 듣고도 행하지 않고, 잘못을 깨닫고도 고치지 못한 것은 없는지, 이것이 나의 걱정거리로다.
>
> **공자**
> **"**

공자는 학문을 닦고 자신을 수양하며, 옳다고 들은 것은 삶 속에서 실천하려 애썼다. 그러나 그는 성인조차도 자신의 잘못을 알고 고치는 일이 얼마나 어려운지 솔직하게 고백한다. 그렇기에 사람은 더욱 스스로 돌아보고, 끊임없이 자신을 경계해야 한다는 것이다.

대부분의 사람은 자신의 부족함을 '성격 탓'이나 '팔자 탓'으로 돌리며 쉽게 넘기려 한다. 하지만 공자는 성인의 삶을 거듭 언급하며,

배움과 성찰을 외면하는 태도야말로 가장 큰 장애라고 일깨운다.

우리는 자신의 노력을 돌아보지 않은 채, 더 많은 성과만 바라는 것은 아닌지 스스로 질문해 봐야 한다. 작은 개선이라 하더라도 꾸준히 이어간다면, 그 변화는 어느 순간 성취로 돌아온다. 공자가 강조한 수양의 길은 단번에 완성되는 이상이 아니라, 오늘의 태도를 조금씩 바로잡아 가는 지속적인 실천에 있다.

용기와 무모함을 구분하라

자로 "만약 스승님께서 삼군을 거느리신다면, 누구와 함께 하시겠습니까?"

공자 "맨주먹으로 범에게 달려들고, 걸어서 강을 건너겠다는 사람과는 함께 하지 않겠다. 나는 미리 계획을 세우고 일에 신중한 사람과 함께 하겠다."

공자가 안연에게 "등용되면 도를 행하고, 등용되지 못하면 도를 감추어야 한다."라고 말하며 유독 칭찬을 아끼지 않자, 이를 지켜보던 자로는 자신의 용맹을 드러내고 싶은 마음에 질문을 던진다. 그러나 돌아온 것은 기대와 달리 핀잔에 가까운 답이었다. 공자는 용기를 앞세운 혈기보다 상황을 헤아리는 지혜가 먼저임을 분명히 한 것이다.

『시경』에도 "감히 맨손으로 범을 잡지 못하고, 감히 황하를 걸어서 건너지 못한다."라고 했다. 이는 무모한 용기는 인간의 능력을 뛰어넘는 위험한 행동이며, 자신뿐 아니라 주변까지 파멸시킬 수 있다는 뜻이다.

공자는 지혜로운 사람이라면 무모함이 아니라 전략과 신중함을 선택해야 한다고 일깨운다. 이 문답을 통해 그는 자로에게 '용기'와 '무모함'을 분명히 구분할 것을 가르쳤다. 함께 일할 사람을 고를 때도 마찬가지다. 앞장서는 추진력보다 먼저 살펴야 할 것은 판단의 깊이와 상황을 감당할 수 있는 안정감이다. 이것이 공자가 말한, 오래 갈 수 있는 용기의 조건이다.

부는 노력의 대상이지 집착의 대상이 아니다

> 66
>
> 큰 부富를 구하여 얻을 수 있다면, 비록 채찍을 잡는 천한 일이라도 하겠다. 그러나 구하여 얻을 수 없다면 내가 좋아하는 일을 하겠다.
>
> **공자**
>
> 99

공자는 '부'를 미워하지도, 그것을 본질적으로 악한 것으로 보지도 않았다. 다만 부를 지나치게 좇으며 삶의 주인이 되는 것을 경계했다. 물질보다 더 힘써 추구해야 할 가치들이 존재하며, 큰 부는 노력만으로 되는 것이 아니라 하늘의 때와 운이 맞아야 한다고 여겼다.

북송의 양시楊時 또한 "군자가 부귀를 싫어해서 구하지 않는 것이 아니라, 하늘에 달려 있어 억지로 구할 방법이 없기 때문이다."라고 설명했다. 억지로 부귀영화를 좇게 되면 마음이 흐트러지고, 나아가 부정과 비리에 물들어 자신을 해칠 뿐 아니라 사회에도 해를 끼칠 수 있다는 경계다.

공자가 강조한 핵심은 '가치의 우선순위'와 '분별 있는 추구'에 있다. 얻을 수 있을 때는 성실히 노력하되, 여의치 않을 때에는 억지로 매달리지 않는다. 대신 자신의 길과 스스로 옳다고 여기는 삶의 기준을 지키는 것, 그것이 '부'보다 앞서는 선택이라는 뜻이다. 부는 삶의 목적이 아니라, 바른 삶을 해치지 않는 범위 안에서 다루어져야 할 결과일 뿐이다.

사치와 고루함 사이, 겸손이라는 균형

> 66
>
> 지나치게 사치스러우면 겸손하지 못하고, 지나치게 검소하면 고루해지기 쉽다. 겸손하지 못할 바에는 차라리 고루한 편이 낫다.
>
> **공자**
>
> 99

사치스러운 사람은 겉만 화려하고 실속이 없으며, 지나치게 검소한 사람은 원칙에만 매달려 융통성을 잃기 쉽다. 사치에 빠지면 분수를 넘기기 쉽고, 과도한 검소는 야박함으로 흐를 수 있으니 두

가지 모두 중용의 도에서 벗어난다. 그럼에도 공자는 겸손을 잃는 폐해가 고루함의 폐해보다 더 크다고 보았다. 건방지고 교만하여 남을 쉽게 얕보는 사람보다는 다소 고루하더라도 기본을 지키는 사람이 낫다는 뜻이다. 여기서 '고루하다'는 것은 낡은 관념이나 습관에 젖어 새로운 것을 받아들이지 못하는 태도를 말한다.

오늘날에도 사치와 검소는 단순한 생활 습관의 문제가 아니라 태도의 문제로 이어진다. 화려함을 과시하려는 마음은 쉽게 우월감과 비교의식으로 번지고, 지나친 절약은 때로는 사람을 경직된 사고방식에 머물게 한다.

평온한 마음과 불안한 마음을 가르는 기준

> **군자는 마음이 평온하여 너그럽지만, 소인은 마음이 불안하여 늘 걱정한다.**
>
> **공자**

군자는 하늘의 이치에 따라 행동하기 때문에 마음이 편안하고 태연하다. 반면, 소인은 물욕에 흔들리기에 마음이 불안하고 근심에 잠기기 쉽다. 군자는 자기 스스로 엄격히 단속하며 살아가기에 오히려 내면에 여유가 생기지만, 소인은 방종을 즐기며 외물에 끌려다니는 탓에 온갖 걱정과 불안에서 벗어나지 못한다.

정자程子는 이 구절을 두고 "군자는 천리를 따르므로 몸과 마음이 늘 퍼지고 태연하지만, 소인은 외물에 사역使役당하므로 걱정과 근심이 많다.”라고 설명했다. 즉, 군자는 내면의 기준에 따라 살아가고, 소인은 외부의 기준에 흔들리며 산다는 뜻이다. ‘평온함’과 ‘불안함’의 차이는 어디에 기준을 두고 사느냐에 달려 있다.

자신의 원칙과 가치에 따라 행동하면 마음은 차분해지고, 외부의 시선, 비교, 물질적 욕망에 흔들리면 불안은 끝없이 이어진다. 삶의 방향을 밖에 맡길 것인가, 안에서 세울 것인가에 따라 마음의 상태는 이처럼 크게 달라진다.

말보다 삶으로 드러난 인품

> **“**
> 왜 말하지 못하였느냐? 그 사람은 학문에 한번 몰두하면 식사도 잊고, 도를 좋아하여 근심도 잊으며, 죽음이 다가오는 것조차 모르는 사람이라고 말하지 않았더냐?
>
> **공자**
> **”**

이 이야기는 섭공葉公이 공자의 인품을 자로에게 물었으나, 자로가 선뜻 대답하지 못했던 일을 전해 들은 뒤 공자가 남긴 말에서 비롯된다. 공자는 예순셋에서 예순넷 무렵, 14년에 걸친 주유천하의 여정을 이어가며 채나라를 떠나 초나라 섭 지역에 이르렀다. 그곳의 영주였던 섭공은 비록 지위는 대부였지만, 제후와도 대등하게 교류할 만큼 위세가 높았던 인물로 알려져 있다.

자로로서는 그 앞에서 스승의 인품을 말로 설명하는 일이 자칫 피상적으로 보일까 염려되었을 것이다. 성인의 인격을 몇 마디 말로 온전히 드러내는 것 자체가 쉽지 않다는 판단도 작용했을 터다. 말이 모자라 스승을 가볍게 만드는 상황을 경계했을 가능성도 크다.

그러나 이 이야기를 들은 공자는 속으로 미소를 지었을지도 모른다. 자신이 어떤 삶을 살아왔는지 누구보다 잘 알고 있었기 때문이다. 그의 말에는 "설마 내가 섭공만도 못한 사람이겠는가?"라는 담담한 자부심이 배어 있다. 이는 허세에서 나온 말이 아니라, 겸손을 잃지 않으면서도 자신이 걸어온 길을 스스로 부정하지 않는 확신에서 비롯된 태도다. 공자의 이 한마디는 참된 자신감이란 남보다 앞서려는 마음이 아니라 자기 삶을 정직하게 견뎌온 데서 나온다는 사실을 보여준다.

아는 것보다 더 어려운 일, '하는 것'

> "
> 학문에 있어서는 내가 남보다 못할 것이 없지만, 군자
> 의 도를 실천함에 있어서는 아직도 부족함이 많다.
> "
>
> **공자**

가치 있는 삶을 향해 나아가는 데에는 풍부한 지식을 쌓는 것도 중요하지만, 알고 있는 바를 행동으로 옮기는 것이 더욱 중요하다는 뜻이다. 누구보다 호학好學을 강조했던 공자조차 자신은 아직 군자의 도를 완전히 실천하지 못하고 있다며 겸손을 보인다. 이는 도를 실천하는 일이 말처럼 쉽지 않으며, 스승인 자신도 여전히 어려움을 겪고 있으니 제자들은 더욱 노력하여 배운 것을 끊임없이 실천해야 한다는 가르침이다.

2,500년이 지난 지금까지 우리가 공자를 찾는 이유도 여기에 있다. 그의 말에는 지식을 쌓는 데서 멈추지 않고, 그것을 삶으로 옮기려는 태도, 곧 삶을 실제로 움직이는 지혜가 담겨 있기 때문이다.

오늘날의 삶에서도 '아는 것'과 '하는 것' 사이에는 여전히 큰 간극이 존재한다. 아무리 많이 알아도 행동으로 이어지지 않으면 변화는 일어나지 않는다. 반면, 작은 깨달음일지라도 꾸준히 실천한다면, 삶은 서서히 그러나 분명하게 달라진다.

태백泰伯편

덕이 깊으면 사람은 자연히 따른다

태백은 주나라의 선조인 태왕의 맏아들이었다. 태왕에게는 세 아들이 있었는데, 그는 막내아들 계력의 어짊과 총명을 높이 평가해 왕위를 물려주고자 했다. 이 뜻을 헤아린 태백은 둘째 아우와 함께 조용히 나라를 떠나 아버지의 뜻을 이루는 한편, 왕위 다툼의 가능성마저 스스로 거두어들였다. 그 결과 계력이 왕위에 올랐고, 그의 아들 문왕은 『주역』을 정리했으며, 손자인 무왕은 은나라를 멸하고 천하를 안정시켰다.

태백의 이러한 행적은 겉으로 드러나는 공적이 아니었기에 당대에는 널리 알려지지 않았다. 그럼에도 공자가 태백편의 첫머리에서 그를 극찬한 이유는 바로 여기에 있다. 이름을 앞세우기보다 더 큰 조화를 위해 스스로 물러난 선택, 드러나지 않는 자리에서 질서를 세운 그 덕행을 후대에 분명히 전하고자 했던 것이다.

태백편의 후반부에서는 고대의 성왕과 현인들이 보여준 인덕과 효행을 예로 들며, 백성의 마음을 얻는 리더십이 무엇인지를 차분히 풀어낸다. 동시에 학문에 힘쓸 것을 당부하는 권학의 메시지도 놓치지 않는다. 태백편은 덕을 앞세운 지도자가 왜 존경을 받는지, 그리고 왜 그런 인물에게 사람들이 모여드는지를 깊이 있게 보여주는 장이라 할 수 있다.

품격과 겸손이 이끄는
리더십

한 발 물러남에서 드러나는 큰 덕

> 지극한 덕을 실천한 사람이 있다면 그것은 아마도 태백일 것이다. 그는 부왕의 뜻을 받들어 임금의 자리를 아우에게 양보했다. 그리고 태백은 자취를 감추었으니 백성들은 그 일을 알 수 없었다.
>
> **공자**

태백의 아버지 태왕은 셋째 아들 계력이 어질고 현명하다는 것을 알고 그에게 왕위를 잇게 하고자 했다. 그러나 장자 승계를 원칙으로 삼아온 전통이 마음에 걸려 쉽게 결정을 내리지 못하고 있었다. 이 마음을 알아챈 태백과 둘째 중옹仲雍은 아버지의 뜻을 이루어 드리고자 스스로 야만족이 사는 형荊 지역으로 물러난다. 그 덕분에 태왕은 큰 갈등 없이 계력에게 왕위를 넘길 수 있었고, 이후 주나라는 대를 잇고 번성할 수 있었다.

공자가 이 사실을 굳이 언급한 까닭은 태백의 행적이 역사 속에 가려져 있었으나 마땅히 널리 알려져야 할 덕행이었기 때문이다. 훗날 태백은 형 지역에서 덕을 쌓아 오늘날 산시성山西省 일대를 다스린 오나라의 시조가 되었다고 전해진다.

그의 선택은 오늘날에도 중요한 메시지를 남긴다. 진정한 리더십과 덕은 '앞에 나서서 드러나는 데서만 비롯되지 않는다. '한 발 물러나는 용기'에서 나올 때도 있다.

덕은 조화로 완성된다

> 공손하면서 예禮가 없으면 수고롭기만 하고, 신중하면서 예가 없으면 사람을 두렵게 한다. 용감하면서 예가 없으면 난폭해지고, 정직하면서 예가 없으면 각박해진다. 군자가 친지에게 후하게 대하고, 오랜 친구를 버리지 않으면 백성들 사이에는 자연스레 어진 기풍이 일어난다.
>
> **공자**

이 구절에서 말하는 공손함, 신중함, 용기, 정직함은 모두 뛰어난 덕목이지만, 여기에 '예'가 더해지지 않으면 그 가치는 온전히 발휘되지 못한다. 예는 사람들과 조화를 이루게 하는 객관적 기준이며, 공동체 속에서 더불어 살아가기 위해 갖추어야 할 가장 기본적인 요건이기 때문이다. 그러므로 지나치게 공손하면 형식적이 되고, 지나치게 신중하면 위축을 주며, 지나치게 용감하면 난폭으로 흐르고, 지나치게 정직하면 각박해지기 쉽다. 덕목은 예라는 조율의 틀 안에서 균형을 얻는다.

또한 공자가 말한 군자는 윗자리에 서서 공동체의 기준이 되는 사람이다. 친지에게 후하게 대하고, 오래된 친구를 잊지 않는 태도를 스스로 실천할 때, 사람들은 그것을 자연스러운 본보기로 삼아 선한 풍속을 만들어간다.

덕목은 하나만 두드러진다고 빛나지 않는다. 균형 잡힌 태도와 상대에 대한 존중, 말과 행동이 어긋나지 않는 조화에서 인격은 온전한 모습을 갖추게 된다.

마지막 순간에 드러나는 진짜 덕

> 새는 죽을 때가 되면 울음소리가 구슬프고, 사람은 죽음을 앞두면 말이 선해진다. 군자가 살아가는 데에는 세 가지 귀한 도가 있다. 몸가짐은 사납거나 교만하지 않아야 하고, 얼굴 표정은 엄정하여 믿음에 가까워야 하며, 말은 부드러우면서도 이치에 맞아야 한다. 이 밖의 자잘한 일들은 관리들에게 맡기면 된다.
>
> **증자**

이 말은 중자가 병들어 누워 있을 때, 노나라 대부 맹경자孟敬子가 병문안을 오자 남긴 구절이다. 맹경자는 삼환 가운데 하나인 맹씨 가문의 당주로 당시 적지 않은 권세를 가진 인물이었다.

새가 마지막 순간에 이르면 울음소리가 더욱 구슬퍼지는 것은 죽음을 두려워하기 때문이며, 사람이 막다른 지경에 놓이면 근본으로 돌아가 마음이 선해진다는 뜻이다. 중자는 이를 통해 도덕적 자질과 성실함의 중요성을 강조한다. 몸가짐을 늘 점검하고, 믿음을 주는 태도를 갖추며, 말은 부드럽되 이치에 맞아야 한다는 것이다. 이는 겉치레나 허장성세虛張聲勢가 아니라 정직하고 진실한 태도가 진짜 덕목임을 일깨운 말이다.

중자는 자신의 마지막 순간에 이 말을 맹경자에게 전하며, 지도자라면 무엇보다 백성을 공경하는 마음으로 정치를 해야 한다는 뜻을 유언처럼 남겼다. 이는 리더십이란 거창한 전략보다 몸가짐이나 표정, 말의 태도에서 더욱 분명해진다는 사실을 일러준다.

군자의 품격은 겸손에서 완성된다

> **"**
> 능력이 있어도 자기만 못한 사람에게 묻고, 지식이 풍부하더라도 남의 의견을 참고하며, 있으면서도 없는 듯이 하고, 가득 차 있으면서도 빈 듯이 하며, 시비를 걸어오는 일이 있어도 다투지 않아야 한다. 예전에 나의 벗이 그렇게 살았다.
>
> **증자**
> **"**

이 구절은 군자의 행동거지가 어떠해야 하는지를 말한다. 여기서 언급되는 '옛 친구'는 학식과 덕망이 높았던 안회를 가리킨다. 공자는 안회에 대해 "같은 잘못을 되풀이하지 않았고, 화를 남에게 전가하지 않았다."라고 칭찬한 바 있다.

안회는 사람으로서 지켜야 할 도리를 늘 마음에 새기고 살았으며, 나와 남을 엄격히 가르지 않는 태도를 지녔기에 이러한 겸허함을 실천할 수 있었다. 그에게 배움은 우열을 가르는 수단이 아니라, 함께 다져가는 과정이었다. 이 점에서 군자는 언제나 겸손한 마음으로 자신보다 부족해 보이는 사람에게서도 배울 줄 알고, 자신이 가진 것을 앞세워 과시하지 않으며, 말과 행동을 적절한 절도에서 다스려야 한다는 가르침이다.

군자의 품격은 특별한 재능에서 비롯되지 않는다. 겸손과 절제, 타인의 말을 기꺼이 듣는 자세, 그리고 흔들리지 않는 평정심이라는 기본기를 얼마나 성실히 지켜왔는가에서 형성된다.

나라를 맡길 만한 사람의 조건

> 어린 임금을 부탁할 수 있고, 한 나라의 정치를 맡길 수 있으며, 국난을 당하여도 그의 뜻을 빼앗을 수 없다면 군자다운 사람이다.
>
> **증자**

이 구절은 군자가 갖추어야 할 자격을 말한다. 어린 나이에 부친을 잃고 즉위한 임금의 섭정을 맡길 만큼 인품이 뛰어나고, 국법을 사사로움 없이 공정하게 집행할 수 있으며, 나라가 위기를 맞더라도 뜻이 흔들리지 않는 군건한 의지를 지닌 사람, 이런 사람을 군자라 했다.

당시는 약육강식의 질서가 지배하던 시대였다. 군주가 수시로 교체되고 정치적 혼란이 이어지는 상황에서 어린 군주가 등장할 경우 나라의 운명을 맡길 수 있는 절개 있고 신뢰할 만한 인물이 절실했다. 『논어집주論語集註』에서도 증자는 "정직하고 도덕적인 사람이라면 어떤 위험 속에서도 믿을 수 있고, 큰 임무와 책임을 맡길 수 있다."라고 하여 군자로서의 도덕성과 신뢰의 중요성을 거듭 강조했다.

리더에게 가장 중요한 덕목은 단순한 능력이나 기량이 아니라 도덕성, 신뢰성, 그리고 어떤 상황에서도 흔들리지 않는 내면의 기준이다. 이러한 토대 위에서만 권한은 정당성을 얻고, 공동체는 안정적으로 유지될 수 있다.

책임을
다하는 자세

무거운 책임을 지는 사람의 마음

> **"**
>
> 선비는 도량이 넓고 의지가 굳세어야 한다. 책임은 무겁고, 가야 할 길은 멀기 때문이다. '인仁'을 실현해야 하는 책임을 지고 있으니 어찌 그 짐이 가볍겠는가. 죽은 뒤에야 그 일이 끝나니 어찌 그 길이 가깝겠는가.
>
> **증자**
>
> **"**

증자는 공자의 제자로 노나라에서 후학을 기르는 데 힘써 공자, 안자顔子, 자사子思, 맹자와 더불어 동양의 오성五聖 가운데 한 사람으로 꼽힌다. 그는 효를 모든 덕의 으뜸으로 삼고, 그 실천의 핵심으로 충과 예를 중시했다. 그래서 증자의 말에는 관념이 아니라 실제 삶에서 길어 올린 묵직한 무게가 배어 있다.

증자는 도량만 넓고 의지가 굳세지 못하면 규율이 서지 않아 자신을 바로 세우기 어렵고, 반면, 의지만 굳고 도량이 넓지 못하면 마음이 좁아 그 자리를 오래 지키기 어렵다고 보았다. 도량의 넓음과 의지의 굳셈이 함께할 때에야 비로소 무거운 책임을 감당할 수 있고, 군자가 지향하는 먼 길에도 이를 수 있다는 것이 그의 확고한 믿음이었다.

큰 책임을 맡을 사람에게 필요한 것은 재능보다 넓은 마음과 흔들리지 않는 의지다. 감정이나 상황에 쉽게 휘둘리지 않고 스스로 중심을 세울 때, 자기 길을 꾸준히 걸어갈 수 있다.

시, 예, 악이 완성하는 인격의 길

> **"**
> 시는 순수한 감성을 일깨우고, 예는 도리에 맞게 살도록 이끌며, 음악은 인격을 완성하게 한다.
> **공자**
> **"**

이 구절은 학문을 깊이 이루어 가는 길을 시詩, 예禮, 악樂이라는 세 갈래의 배움과 함께 설명한다. 『시경』과 같은 좋은 시를 가까이 하다 보면, 사람의 마음은 자연스럽게 그 결에 물들어 '선'을 좋아하고 '악'을 멀리하는 정서를 키워가게 된다. 공자는 본래 학문을 즐긴 사람이었지만, 마음을 고요히 가라앉히고 품격을 다듬어주는 음악 또한 아껴 노래하고 춤추는 풍류의 즐거움도 삶 속에서 누렸다.

『예기禮記』에 "열 살에는 몸가짐을 배우고, 열세 살에는 음악을 익히고 시를 외우며, 스무 살이 되어 예를 배운다."라고 한 말 역시 시와 예악이 단지 어린 시절의 교양 교육에 머무는 것이 아니라, 한 사람의 인격을 평생에 걸쳐 완성해 가는 깊은 공부임을 일깨워 준다.

오늘의 삶에서도 지성과 예절, 그리고 정서가 조화를 이룰 때 내면은 한층 단단해진다. 이 세 가지는 시대가 달라져도 변하지 않는 기준으로서 현대인의 삶 역시 중심을 잃지 않도록 받쳐주는 토대가 된다.

깨달음의 깊이는 달라도, 기준은 분명해야 한다

> 백성들로 하여금 따르게 할 수는 있어도, 그 이치를 모두 깨닫게 할 수는 없다.
>
> **공자**

이 말은 백성을 무지하다고 낮춰 본 표현이 아니다. 예나 지금이나, 도道의 근원이나 깊은 원리까지 스스로 파고들려는 사람은 많지 않다는 현실을 짚은 것이다. 그래서 백성과 함께 복잡한 일을 미리 세세히 따지기보다는 일이 이루어진 뒤 그 취지와 뜻을 설명하는 편이 더 적절하다고 보았던 맥락에서 이해할 필요가 있다.

정자는 이 구절을 두고 이렇게 풀이했다. "성인이 백성을 가르칠 때 집집마다 모두 깨우쳐주려 하지 않은 것이 아니다. 다만 그 도리를 모두가 온전히 이해하기는 현실적으로 어려우므로, 먼저 백성이 능히 따를 수 있도록 하는 데에 힘을 기울였을 뿐이다. 만약 애초에 백성이 도리를 알지 못하게 하려는 뜻이었다면, 그것은 후세를 속이는 일이니 성인의 뜻일 수 없다."

따라서 이 구절은 백성의 수준을 낮춰 말한 것이 아니라, 교화의 이상과 현실적 제약을 함께 고려한 표현으로 보아야 한다. 모든 사람이 깊은 원리까지 이해할 필요는 없지만, 누구나 따를 수 있는 분명한 기준은 필요하다. 복잡함을 덜어내고 핵심을 명확히 전할 때, 공동체는 혼란보다 안정에 가까워진다. 오늘의 삶에서도 마찬가지다. 모두에게 같은 깊이를 요구하기보다 각자가 실천할 수 있는 방향을 제시할 때 변화는 지속된다.

결핍과 과한 감정이 부르는 위험

> 용맹함을 좋아하면서 가난을 미워하면 난을 일으키게 되고, 사람이 어질지 못하다고 하여 지나치게 미워해도 난을 일으키게 된다.
>
> **공자**

인간의 삶에서 가장 기본적이면서도 중요한 요소는 의식주 가운데서도 무엇보다 '먹는 일'이다. 굶주림은 생존과 직결되기에 사람은 때로 죄를 감수하면서까지 배고픔을 해결하려 한다. 옥고를 치

156

른 뒤에도 다시 남의 담을 넘게 되는 모습 역시 백성을 궁지로 몰아서는 안 된다는 뜻으로 이해할 수 있다. 현대 사회에서도 고립된 탄광이나 조난된 배에서 극한 상황에 처한 사람들이 생존을 위해 인육까지 먹으며 버텼다는 사례가 있다. 그것은 인간의 생존 본능이 얼마나 강한지를 보여주는 현실이기도 하다.

공자는 이 구절에서 과거의 사례를 되짚으며, 어떤 상황에서 어떤 성향의 사람들이 반란에 가담하거나 흉악한 범죄로 내몰리는지를 살폈던 것으로 보인다. 가난과 극단적인 결핍은 사람을 벼랑 끝으로 밀어붙일 수 있고, 증오 역시 사회 전체를 흔드는 혼란으로 번질 수 있다는 경고다.

결핍은 판단을 흐리게 하고, 때로는 극단적인 선택으로 이끌기도 한다. 감정과 상황이 거칠어질수록 먼저 자신의 상태를 돌아보고 균형을 회복하려는 노력이 필요하다. 지나친 욕망과 과한 미움은 결국 삶의 바닥을 불안정하게 만든다는 점을 우리는 잊지 말아야 한다.

원칙을 지키는 자만이 머물 곳을 선택할 수 있다

> "
>
> 두터운 믿음으로 배움을 좋아하고, 목숨을 걸고 도를 지켜야 한다. 위험한 나라에는 들어가지 말고, 어지러운 나라에는 머물지 말아야 한다. 천하에 도가 있으면 나아가고, 도가 없으면 물러난다. 나라에 도가 있는데 가난하고 천하다면 그것은 수치이며, 나라에 도가 행해지지 않는데 부유하고 귀하다면 그 역시 수치이다.
>
> **증자**
>
> "

공자가 살던 춘추 시대에는 백성들이 머물고 싶은 나라를 스스로 선택할 수 있었다. 당시 사람들은 천하가 모두 천자의 울타리 안에 있다고 여겼기에 여러 제후국은 서로 다른 나라라기보다 하나의 큰 질서 안에 자리한 여러 지역처럼 인식되었다. 이런 세계관에서 '어디에서 어떻게 살아가느냐'는 곧 자기 삶의 태도를 드러내는 일이었다.

도가 제대로 행해지는 나라에서 빈천하다면 그것은 나태함이나 무능에서 비롯된 것이니 부끄러운 일로 여겼고 반면, 불의가 횡행하는 나라에서 부귀를 누린다면 그 과정이 떳떳하지 않았을 가능성이 커서 역시 마음에 짐이 되는 일이었다. 공자는 세상이 바르게 돌아갈 때는 기꺼이 나아가고, 혼란스러울 때는 한 걸음 물러날 줄 아는 태도가 선비의 올바른 처세라고 보았다.

지금 우리의 삶도 크게 다르지 않다. 상황이 혼란스러울수록 무엇을 얻을 수 있는가보다 어떤 기준으로 선택하는가가 더 중요해진다.

'자기 자리'가 기준을 만든다

> ❝
> 그 직위에 있지 않으면 그 직무에 대해 논해서는 안 된다.
> **공자**
> ❞

어떤 일도 직접 맡아보지 않으면 그 과정의 어려움과 세부細部를 온전히 알기 어렵다. 설령 알고 있다 하더라도 경험 없이 얻은 지식은 자연스레 미숙할 수밖에 없다. 그래서 남의 일을 함부로 말하거나 관여하는 태도는 자신의 자리를 넘는 일이므로 삼가야 한다는 뜻이다. 지위가 낮거나 직책이 없는 사람이 조정의 정무를 쉽게 논해서는 안 된다는 말이며, 이는 '자기 일을 먼저 바로하라'는 공자의 가르침으로 이어진다.

이천伊川은 이 구절을 이렇게 설명했다. "그 지위에 있지 않다는 것은 그 일을 맡지 않았다는 뜻이며, 다만 군주나 대부가 의견을 묻는다면 그때는 예에 맞게 답할 수 있다." 직책을 넘어서는 간섭은 경계하되, 요청받은 조언은 품위를 갖추어 할 수 있다는 의미다. 경험하지 않은 일을 섣불리 판단하지 않는 태도는 신뢰를 쌓는 바탕이 된다. 내 역할에 집중하고 책임을 다할 때 말에도 자연스레 무게가 생긴다. 자신의 자리에서 맡은 일을 성실히 해내는 삶이 한 사람을 성장시킨다.

기본이 없으면 가르침도 머물 곳이 없다

> 66
>
> 경망스러우면서 정직하지 못하고, 아무것도 모르면서 성실하지 못하며, 무능하면서 신의조차 없다면 나도 어찌할 도리가 없다.
>
> **공자**
>
> 99

이 구절에서 공자가 말한 유형은 단점만 두드러져 겉으로 보기에는 쓸모없는 사람들이다. 하지만 세상에 흠 없는 사람은 없으니 누구나 장점과 약점을 함께 가지고 살아간다. 그래서 군자의 마음가짐이라면 타인의 장점은 드러내어 더 자라도록 돕고, 약점은 부드럽게 밝혀 고칠 수 있는 길을 열어주는 데에 뜻을 두어야 한다.

그러나 정직하지도 않고, 성실하지도 않으며, 신의와 의리까지 부족하다면 어떤 가르침도 쉽게 스며들기 어렵다. 바탕이 마련되지 않은 상태에서는 어떠한 지도나 교화도 힘을 발휘하기 어려운 법이라는 것이 공자의 엄정한 강조였다.

배움의 길에는 끝이 없다

> ❝
> 학문에 임할 때는 다 배우지 못할 것을 걱정하고, 나아
> 가서는 배운 것을 잊지 않을까 걱정해야 한다.
> ❞
>
> **공자**

배우는 사람이라면 아직 닿지 못한 지점이 있을지 모른다는 마음으로 더 깊은 곳을 탐구해야 하고, 이미 익힌 내용도 혹시 잊힐까 염려하는 마음으로 거듭 되새겨야 한다. 이러한 자세가 학문에 임하는 사람이 갖추어야 할 바른 마음가짐이다. 그래서 늘 스스로 부족하다고 여기며 겸손하게 배우고, 공손한 마음으로 멈추지 않고 나아가야 한다는 의미가 담겨 있다.

부족함을 깨달을 때 성장할 수 있으며, 꾸준히 배우고 반복해 새기는 태도가 실력을 키운다.

자한子罕편

용자는 두려워하지 않는다

자한편은 공자의 언행을 전하는 동시에 벼슬에 나아가고 물러나는 문제, 즉 출처와 진퇴의 기준을 다룬다. 그만큼 공자의 덕행을 보여주는 구절이 많다. 제8편까지가 주로 공자의 활동과 행적을 중심으로 서술되었다면, 자한편부터는 제자들의 눈에 비친 공자의 모습이 본격적으로 나타난다. 제자들은 스승이 학문에 임할 때 어떤 태도를 보였는지, 그리고 인과 예를 어떤 기준으로 이해하고 실천했는지를 정성스럽게 기록했다.

제자들 곁에 있었지만 공자는 늘 많은 사람의 시선에서 일거수일투족이 드러나는 삶을 살아야 했다. 때로는 피로하고 마음이 무거웠을 순간도 있었을 것이다. 그럼에도 그는 한결같은 태도를 잃지 않았고, 자신의 자리에서 세상에 바른 영향을 끼치고자 했다.

자한편을 펼치면 공자의 솔직한 면모가 자연스럽게 느껴지고, 부귀와 이익에 휩쓸리는 세태에 엄하게 일침을 가했던 그의 단호한 목소리도 함께 엿볼 수 있다.

흔들리지 않는 마음,
군자의 길

명성보다 중요한 것은 나의 길

> 66
>
> 내가 무엇으로 명성을 떨쳐야 하는가? 수레를 몰거나
> 활을 쏘아야 한다면, 나는 수레를 몰아서 명성을 떨치
> 겠다.
>
> **공자**
>
> 99

달항達巷에 사는 한 사람이 "공자는 위대하다고 하지만, 넓게 공
부한 사람치고는 어느 분야에서도 두드러진 명성이 없다."라고 조
롱하듯 말했다. 이 말을 전해 들은 공자는 "그렇다면 수레를 몰면
되지 않겠는가."라고 답하며 담담하게 응수했다.

이 대답에는 세간의 명성에 얽매일 이유가 없다는 뜻과 함께 마
음만 먹으면 흔히 낮은 일로 여겨지는 수레 몰기라도 능히 해낼 수

있다는 자신감이 담겨 있다. 성인의 경지는 도가 온전하고 덕이 갖추어진 상태이므로 하나의 기술로 요약될 수 없다. 눈에 보이는 직업이나 특정 장기로 사람의 가치를 판단하는 이들에게는 철학과 인격 수양의 깊이를 이해하기 어렵고, 그러한 시각은 무용론과 크게 다르지 않다.

남들이 세워 둔 잣대에 자신을 억지로 맞출 필요는 없다. 한 사람의 실력은 특정 기술이 아니라, 삶을 대하는 태도와 그 깊이에서 알 수 있다. 명성보다 더 중요한 것은 자신의 길을 흔들림 없이 걸어갈 수 있는 내적인 힘이다.

변화는 받아들이되, 본질은 지켜야 한다

> 삼베로 짠 관을 쓰는 것이 예법에 맞지만, 지금은 명주실로 짠 관을 쓰고 있다. 그것은 검소한 것이니 나도 따르겠다. 그러나 배례는 마루 아래에서 하는 것이 예인데, 지금은 마루 위에서 절을 한다. 그것은 교만한 것이니 나는 따르지 않겠다.
>
> **증자**

공자는 명주로 만든 관처럼 검소한 변화는 예의 본질을 해치지 않으므로 받아들일 수 있다고 보았다. 그러나 배례는 반드시 마루 아래에서 해야 한다는 원칙은 예의 핵심이기에 이를 어기고 먼

저 올라가 절하는 관행은 교만한 태도라 여겨 따르지 않겠다고 말
했다.

　군자는 시대의 변화를 무조건 거부하는 사람도 아니고, 아무 판
단 없이 그대로 따르는 사람도 아니다. 예법의 본질을 지키는 범위
안에서만 세속의 흐름을 수용할 수 있으며, 그 본질을 흐리게 만드
는 변화라면 단호히 멈추어야 한다. 변화는 받아들이되, 지켜야 할
기준은 놓치지 말아야 한다는 뜻이다. 겉모습의 유행보다 더 중요
한 것은 나를 지탱하는 원칙이다. 유연함과 단호함을 적절히 고르
는 지혜가 필요하다.

고집을 버리고 상황에 맞게 행동한다

> **"**
> 공자는 네 가지를 절대로 하지 않았다. 사사로운 뜻을
> 품지 않았고, 반드시 해야 한다는 것이 없었으며, 자기
> 생각을 고집하지 않았고, 자신을 내세우지 않았다.
> **공자의 제자들**
> **"**

　이는 공자가 하나의 원칙이나 주장을 무턱대고 고집한 사람이
아니라, 상황에 따라 합리적이고 적절한 선택을 했다는 뜻이다. 이
구절은 후대 제자들이 스승의 삶을 돌아보며 기록한 부분인데 제
자들의 통찰이 매우 깊지 않았다면 이러한 평가에 이르기 어려웠
을 것이다.

그들의 눈에도 공자는 주관적 억측에 빠지지 않았고, 무엇을 반드시 해야 한다고 지나치게 집착하지도 않았다. 자신의 의견을 앞세우지 않으면서도 필요할 때는 자연스럽게 대응했다. 정자는 "성인의 마음에는 이 네 가지가 전혀 없었으니, 스스로 억누를 이유가 없었다."라고 덧붙였다.

불필요한 고집을 내려놓을 때 판단은 더 또렷해지고 마음에는 여유가 생긴다. 상황을 있는 그대로 바라보고 유연하게 대응하는 힘이 성장으로 이끈다.

기회가 오지 않을 때의 탄식

> "
> 봉황새도 날아오지 않고, 황하에서 하도河圖도 나오지 않으니, 나는 이제 끝인가 보다.
> "
>
> **증자**

봉황은 성스러운 임금이 어진 정치를 펼칠 때 모습을 드러낸다고 믿어온 상서로운 새이며, 하도는 복희씨 시대에 황하에서 용마龍馬가 등에 지고 나왔다고 전해지는 신비로운 그림으로, 『주역』 팔괘의 근원이 되었다. 당시 사람들은 봉황과 하도가 나타나면 성인이 세상에 나올 징조로 여겼다.

공자는 말년에 이르러 자신을 알아보고 도를 펼칠 기회를 줄 '성왕'이 끝내 나타나지 않는 현실을 바라보며 이 말을 하였다. 상서로운 조짐이 보이지 않는다는 탄식에는 평생 품어온 정치적 이상이 자신이 살아 있는 동안에는 실현되지 못할지도 모른다는 아쉬움이 담겨 있다.

그러나 기회가 더디 찾아온다고 해서 그동안의 노력이 헛된 것은 아니다. 어떤 일은 시대와 환경이 함께 열려야 시작될 수 있기에 조급함을 내려놓고 묵묵히 준비하는 태도가 필요하다. 어떠한 과정에 성실히 임해 온 시간은 비록 결실이 늦어지더라도 끝까지 길을 걸어갈 힘을 길러준다.

더욱 빛나는 스승의 도

> 우러러볼수록 더 높고, 파고들수록 더욱 견고하며, 바라보고 있으면 앞에 계시다가도 어느새 뒤에 계신다. 스승님께서는 사람을 차근차근 이끌어주신다. 학문으로 넓혀주시고 예禮로써 단속해 주시니 그만둘 수가 없지만, 내가 가진 재주를 다하여도 스승님의 가르침은 다시금 우뚝 서 있는 것 같다. 따르고자 하나 도저히 따라갈 수가 없구나.
>
> **안연**

안연은 이름이 안회이며, 성은 안顔, 자는 자연子淵이다. 공자는 그 가운데 '연' 자를 따서 안연이라 불렀다. 이 구절에서 안연은 스승의 도가 높고 넓어 헤아릴 수 없으며, 아무리 힘써도 쉽게 닿기 어렵다는 사실 앞에서 의기소침해한다. 동시에 그 깊이에 매료되어 깊은 감탄을 드러낸다.

안연에게 스승의 도는 형태 없이 방향만 있을 뿐, 좀처럼 따라잡을 수 없는 길과 같았다. 어두운 길에서 벽을 더듬어 집을 찾듯이 배고픔을 채우기 위해 밥을 떠먹듯 멈출 수 없는 여정이라는 의미다. '따라갈 수 없다'는 그의 말에는 공자의 깊이에 대한 찬탄과 함께 마음과 힘을 다해 쉬지 않고 나아가겠다는 결의가 역설적으로 담겨 있다. 위대한 스승이나 롤 모델은 따라잡아야 하는 대상이 아니라, 성장의 방향을 밝혀주는 등불이라는 뜻이기도 하다.

지금 당장은 닿지 못하더라도 그 방향을 향해 꾸준히 걷는 과정에서 내면은 조금씩 깊어진다. 안연의 존경과 사모, 그리고 닮고자 하는 마음이 이 구절 곳곳에 절절하게 배어 있다.

가치를 알아볼 사람을 기다린다는 것

자공 "아름다운 옥이 생긴다면 궤 속에 간직하시겠습니까, 아니면 세상에 내다 파시겠습니까?"

공자 "팔아야지, 아무렴 팔아야지. 다만 그 보석을 알아볼 만한 좋은 상인을 기다릴 것이다."

자공은 공자가 높은 학덕을 지니고 있으면서도 초야에 묻혀 있는 현실을 안타깝게 여겼다. 그래서 세상에 나아가 벼슬할 뜻이 없는지를 아름다운 옥에 비유해 물었다. 이에 공자는 자신의 학덕을 '팔 수 있는 보석'에 빗대며 그것을 알아볼 군주, 곧 좋은 상인을 기다리고 있다고 답했다. 이 구절에서 공자는 현실 정치에 참여하여 자신의 이상을 펼치고자 하는 마음을 숨기지 않는다. 그러나 그는 일흔두 살에 이르러 생을 마칠 때까지 그 뜻을 알아주는 군주를 만나지 못했다.

재능은 숨기는 것이 아니라 빛을 발할 자리를 찾는 것이다. 나를 알아볼 사람을 기다리는 인내도 중요하지만, 그때까지 스스로 갈고닦는 과정이 무엇보다 중요하다. 가치를 알아보는 사람을 만났을 때 준비된 사람만이 그 기회를 자신의 것으로 만들 수 있다.

사람이 공간을 만든다

> "
> 군자가 살면 누추함은 자연스레 사라질 것이다.
>
> **공자**
> "

이 구절은 공자가 오랑캐의 땅에서라도 살고 싶다고 말하자, 어떤 이가 "그곳은 너무 누추한데 정말 사실 수 있겠습니까?"라고 묻자 이에 답한 말이다. 외적 환경이 아무리 열악하더라도 정직하고 바른 삶을 실천하는 군자가 그곳에 머문다면, 그 땅은 자연스레 정돈되고 이상적인 공간으로 바뀐다는 뜻이다.

이 말에는 자신의 이상이 당대의 세상에서 끝내 받아들여지지 않더라도, 이민족의 땅에서 그들을 가르치며 의미 있는 삶을 이어가고 싶다는 공자의 진심이 비친다. 동시에 이는 '인'을 택하고 인에 거하라'는 『논어』 전체의 흐름과도 자연스럽게 맞닿아 있다. 공자에게 '인'은 사람이 머물러야 할 집이며, 의는 한 사람이 평생 걸어가야 할 길이었다.

환경이 사람을 규정하는 것이 아니라 그 사람이 갖춘 태도가 환경을 바꾼다. 어디에 있든 원칙을 지키며 살아갈 때, 그곳은 삶의 터전이 된다. 내면의 질서가 단단할수록 외부의 혼란은 그 힘을 잃는다.

성찰로 깊어지고,
실천으로 완성되는 삶

쉬워 보이지만 가장 어려운 기본

> "
> 밖에서는 공경公卿을 섬기고, 안에서는 집안의 어른인
> 부형父兄을 공경하며, 상을 당했을 때는 정성을 다하고,
> 술을 마신 뒤에도 마음이 흐트러지지 않아야 하는데,
> 과연 내가 이러한 것들을 해낼 수 있을까?
> "
>
> **공자**

'공경'은 임금을 보좌하는 대부를 뜻하고, '부형'은 집안의 어른과 종족의 윗사람을 가리킨다.『논어』에서 종종 보이는 "내가 할 수 있을까?"라는 표현은 공자 특유의 겸양이 담긴 말이다. 실제로 공자는 공경을 공손히 섬기고, 집안 어른을 예로써 대하며, 장례를 정성껏 치르고, 술자리에서도 절도를 잃지 않는 일 정도는 스스로 충

분히 감당할 수 있다고 여겼다.

하지만 공자는 겉으로 쉬워 보이는 일일수록 실천하기는 더 어렵다는 사실을 잘 알고 있었다. 그래서 이러한 기본적이고 당연해 보이는 덕목을 다시 점검하며 스스로 다잡은 것이다. 일상에서 반복되는 사소한 일에까지 마음을 기울이고, 그것을 꾸준히 실천하려는 자세는 성인의 깊은 성찰이 담겨 있다.

가장 기본적인 일일수록 오래 유지하기 어렵다. 평소의 태도와 작은 습관이 자신의 품격을 형성하며, 눈에 띄는 성취보다 일상의 절제가 더 깊은 신뢰를 만들어준다.

마지막 한 삼태기의 힘

> 산을 쌓는 일에 비유하면, 마지막 한 삼태기 흙이 부족한 상태에서 중단하는 것도 내가 그만두는 것이요, 땅을 평평하게 하는 일에 비유하면, 한 삼태기 흙을 더했을 뿐인데도 일이 진전되었다면 그것은 내가 이룬 것이다.
>
> **공자**

공자는 학문을 연마하는 일을 산을 쌓는 일에 비유했다. 그 이유는 공자가 말하는 학문이란 아는 데서 그치는 것이 아니라 반드시 실천을 통해 완성되어야 하므로 그 과정이 언덕을 높이는 일처럼 쉽지 않고 광대하기 때문이다. 거의 완성된 시점에서 마지막 한 삼태기 흙만 보태면 될 때 중단한다면, 그동안의 수고는 허무하게 흩어진다. 반면, 땅을 고르게 하듯 작은 진전이라도 꾸준히 이어간다면, 한 삼태기 흙이라도 쏟아 넣은 만큼 분명히 앞으로 나아간다.

배우는 사람이 중도에 멈추면 지금까지 쌓아온 공력마저 잃게 되지만, 한 걸음이라도 계속 내딛는다면 성취는 차곡차곡 쌓인다. 멈출 것인가, 나아갈 것인가는 자신의 의지에 달려 있다는 뜻이다. 그래서 『시경』에서도 "모든 일은 시작은 많으나 끝을 맺는 경우는 드물다."라고 말한다. 큰 성취는 거대한 결심에서 이루기보다 작은 걸음을 오래 이어가는 과정에서 결실을 맺는다. 마지막 한 걸음을 버티는 힘이 성패를 갈라놓는다.

꽃이 지더라도, 길은 남는다

> "
> 싹이 나도 꽃이 피지 않는 것도 있고, 꽃은 피었지만 열매를 맺지 못하는 것도 있다.
>
> **공자**
> "

어떤 일이든 목표를 향해 꾸준히 나아가는 길은 멀고도 지난하다. 학문 또한 식물이 싹을 틔우고 꽃을 피우고 열매를 맺기까지 수많은 자연의 시련을 거치는 과정과 다르지 않다. 그래서 군자는 스스로 힘써 성취하는 것을 귀하게 여겼다.

이 구절은 전체 맥락을 고려하면, 공자가 수제자 안회의 요절을 두고 한탄한 말로 이해하는 것이 자연스럽다. 안회는 이미 꽃처럼 빼어난 덕과 재능을 피워냈지만, 그다음에 이어질 열매, 곧 학덕을 온전히 완성해 세상에 펼칠 시간은 끝내 허락받지 못했다. 그 아쉬움과 슬픔이 이 말 속에 고스란히 담겨 있다.

이 구절을 다른 각도에서 보면, 인간의 성취에는 의지와 노력만으로는 닿을 수 없는 영역이 있음을 일깨우는 말이기도 하다. 아무리 애써도 모두가 높은 자리나 눈에 띄는 성공에 이르는 것은 아니다. 모든 노력이 곧바로 열매로 이어지지는 않는다는 사실을 공자는 이미 알고 있었다.

하지만 열매가 없었다고 해서 꽃이 피었던 시간의 의미가 사라지는 것은 아니다. 그 과정에서 길러진 자신을 지키는 마음이야말로 진정한 성취다. 성과에 지나치게 마음을 빼앗기기보다 지금 자신이 할 수 있는 최선을 다하라는 가르침이 여기에 담겨 있다.

가능성의 시간은 영원하지 않다

> 후배란 두려운 존재다. 그들이 지금의 우리보다 못하다고 어떻게 장담할 수 있겠는가? 그러나 나이 오십이 되도록 이름이 드러나지 않는다면, 두려워할 존재는 못 된다.
>
> **공자**

젊은 사람은 앞으로 커나갈 가능성이 크다. 다만 그 가능성은 저절로 열리는 것이 아니라 부단히 힘쓰는 이에게만 주어진다. 공자는 후학들이 지금은 미숙해 보일지라도 끊임없이 배우고 스스로 갈고닦는다면 앞선 세대의 경지를 충분히 넘어설 수 있다고 보았다. 나이는 한계를 정하는 기준이 아니라 성장을 준비하는 시간이라는 뜻이다.

반면, 오십 세가 되어서도 학문적 성취나 덕행으로 이름을 드러내지 못했다면, 이는 노력의 부족이나 자기 수양의 실패로 보아야 하며 더 이상 두려워할 존재는 아니라는 의미다. 증자 역시 "오십 세가 되도록 선善을 듣지 못한다면 끝내 듣지 못할 것이다."라고 말하며, 배울 때 배우고, 이룰 때 이루어야 한다는 점을 강조했다. 이 말에는 후학들에게 수양을 게을리하지 말고, 부족한 부분을 꾸준히 채우라는 당부가 담겨 있다.

가능성은 저절로 자라지 않는다. 꾸준한 학습과 성찰을 거듭할 때만 잠재력은 현실의 실력으로 바뀐다. 나이를 탓하기보다 매일의 성장을 스스로 증명하는 이가 앞서갈 수 있다.

길을 걷는 일은 자신의 몫이다

> 바른말을 따르지 않을 수는 없으나, 잘못을 고치는 것이 더 중요하다. 부드러운 말을 좋아하지 않을 수는 없으나, 그 속뜻을 찾는 것이 더 중요하다. 좋아하기만 하고 뜻을 찾지 않으며, 따르기만 하고 잘못을 고치지 않는다면, 나도 어찌할 도리가 없다.
>
> **공자**

올바른 가르침을 듣더라도 그것을 받아들이고 실천하는 일은 각자의 몫이다. 잘못을 고치는 일도, 말의 깊은 뜻을 헤아리는 일도 스스로 하려는 마음이 있어야 가능하다. 아무리 훌륭한 조언을 들으며 지식을 쌓는다고 하더라도 실천이 뒤따르지 않으면 의미가 없다.

이 구절은 겉으로는 따르는 듯 보이지만 속으로는 진정한 뜻을 이해하지 못하고 잘못을 고치지 않는 사람은 누구도 도울 수 없다는 의미다. 깨달음이나 변화는 타인이 대신 만들어줄 수 있는 것이 아니라 자신의 의지와 실천을 통해 완성된다는 점을 일깨운 말이다.

조언은 방향을 가르쳐줄 뿐, 길을 걷는 일은 오롯이 자신의 몫이다. 진짜 성장은 듣는 데서 끝나지 않고, 이해하고 실천하며 고쳐가는 과정에서 일어난다. 겉으로만 고개를 끄덕이고 마음을 움직이지 않는다면 어떤 변화도 일어나지 않는다.

허물을 숨기지 않고 곧장 고치는 힘

> 성심과 신의를 지키되, 자신보다 못한 사람과는 벗하지 말고, 허물이 있으면 곧바로 고쳐야 한다.
>
> **공자**

잘못으로 일이 어긋났다면 억지로 버티거나 고집을 앞세우기보다 현실을 바로 보고 고칠 줄 알아야 한다는 뜻이다. 누구나 삶에서 늘 바른길만 걸을 수도 없고, 그렇다고 늘 잘못만 저지르며 살아가지도 않는다. 중요한 것은 잘못 자체가 아니라 그것을 인정하느냐 외면하느냐에 있다.

많은 사람이 잘못을 인정하면 체면이 깎이거나 무능해 보일까 두려워 숨기려 하지만, 세상에 완전한 비밀은 없다. 아무리 감추려 하더라도 언젠가는 봄눈이 녹듯 드러나기 마련이다. 그래서 공자가 말한 군자는 허물이 전혀 없는 사람이 아니라 허물을 발견하면 곧바로 고치며 자신을 끊임없이 바로 세우는 사람이다. 잘못을 인정하고 고치는 태도는 약함이 아니라 내면이 강한 사람이다.

겨울이 와야 솔잎의 푸르름을 안다

> **66**
>
> 날씨가 추워진 뒤에야 솔잎이 시들지 않음을 알 수 있다.
>
> **공자**
>
> **99**

평소에는 군자와 소인의 차이가 뚜렷하게 보이지 않을 수 있다. 그러나 큰 고비를 맞이하면 그 사람의 진면목이 분명해진다. 나라가 위태로워져야 충신과 열사를 가려낼 수 있듯이 역경 속에서야 한 사람이 어려움을 건더낼 힘과 의지를 지녔는지가 나타난다.

이런 경험이 쌓일수록 앞으로 어떤 난관이 닥치더라도 넘어설 수 있는 내적 힘이 길러진다. 아무리 힘든 상황이라 하더라도 결국은 건너갈 수 있다는 믿음을 놓지 않는 태도가 중요하다. 공자는 바로 이러한 '겨울의 시험'을 통해 인간이 성장한다고 보았다. 진짜 실력은 편안할 때가 아니라 어려움이 찾아왔을 때 알 수 있다. 추위가 깊을수록 솔잎이 더욱 푸르듯이 역경 속에서 성장의 힘이 자란다.

군자의 세 가지 힘, 지혜·어짊·용기

> **66**
>
> 지혜로운 사람은 미혹되지 않고, 어진 사람은 근심하지 않으며, 용기 있는 사람은 두려워하지 않는다.
>
> **공자**
>
> **99**

지혜로운 사람이 미혹되지 않는 것은 사리를 분별하고 이치를 분명히 알기 때문이다. 어진 사람이 근심에 오래 머물지 않는 것은 마음이 평온하여 하늘의 뜻을 따르기 때문이다. 용기 있는 사람이 두려움에 휘둘리지 않는 것은 올곧고 정의로운 방향으로 행동하기 때문이다.

이 세 가지 덕목, 곧 지知, 인仁, 용勇을 삼달덕三達德이라 부른다. 지, 인, 용은 시대와 문화를 넘어 인간이 갖추어야 할 공통의 덕목이며, 학문과 수양이 나아가는 순서를 보여준다. 『중용』에서도 이 덕목들을 군자의 세 가지 덕으로 제시하며 "배우기를 좋아하는 것은 '지'에 가깝고, 힘써 행하는 것은 '인'에 가깝고, 부끄러움을 아는 것은 '용'에 가깝다."라고 설명한다.

옛 성현들이 지혜와 어짊과 용기를 특별히 중시한 이유는 이 덕목들이 오늘의 삶에서도 여전히 힘을 발휘하는 가치이기 때문이다. 지혜는 방향을 정하고, 인은 관계를 이루며, 용기는 행동을 선택하게 한다. 이 세 가지를 균형 있게 갖출 때 삶의 문제 앞에서 쉽게 흔들리지 않는 힘이 생긴다.

함께 배워도 길은 서로 다르다

> 함께 학문에 전념하는 친구라 하더라도 함께 도에 이를 수 없고, 함께 도에 이른다 하더라도 입장을 같이할 수 없으며, 입장을 같이한다 하더라도 상황에 따라 같은 판단을 할 수 없다.
>
> **공자**

이 구절은 선비가 지녀야 할 입지와 처신에 대해 설명한다. 같은 스승에게 배우며 동문수학을 했더라도, 각자의 능력과 노력, 경험에 따라 도에 이르는 깊이는 달라질 수 있다. 설령 비슷한 경지에 올랐다 하더라도 가치관과 처한 상황, 이해관계에 따라 입장은 달라질 수 있으며, 입장이 같더라도 구체적인 현실에 따라 서로 다른 판단을 내리는 것이 인간 사회의 자연스러운 이치다.

그래서 벗과 함께 배운다는 것은 단지 지식을 나누는 일이 아니라, '무엇을 구해야 하는가'를 함께 깨닫는 과정이다. 함께 도에 이른다는 것은 '어디로 나아가야 하는가'를 공유하는 일이며, 같은 입장을 지닌다는 것은 그 믿음을 두텁게 지켜 변하지 않겠다는 약속을 뜻한다. 이천伊川은 이를 두고 "일의 경중을 분별하고, 의리에 합한 선택을 하는 것이다."라고 설명했다. 방향과 입장, 판단이 서로 어긋나지 않을 때 깊고 오래가는 동행이 가능하다는 뜻이다.

진정성이 거리를 가깝게 만든다

> **"**
>
> 진정으로 그리워하지 않는 것이다. 정말로 그리워한
> 다면, 멀리 있다고 해서 무슨 상관이 있겠는가?
>
> **공자**
>
> **"**

누군가 이렇게 노래했다. "산앵두나무 꽃이 바람에 하늘하늘 나
부끼네. 어찌 그대를 그리워하지 않으랴. 그러나 그대가 있는 곳은
너무 멀기만 하구나."

이 노래를 들은 뒤 공자가 한 말이 바로 이 구절이다. 정이 깊으
면 천 리 길도 뜰 앞처럼 가깝게 느껴지지만, 마음이 멀어지면 같
은 방 안에 있어도 거리감이 커진다. 공자는 이 이치를 학문의 길
에 빗대어 뜻이 진실하다면 아무리 먼 길이라도 끝내 닿을 수 있다
고 강조한다.

누군가 고시를 인용해 '도는 너무 멀어 이룰 수 없다'고 말했을
때, 공자는 이렇게 답한 적이 있다. "거리가 먼 것이 아니라, 노력
이 부족한 것이다." 목표에 이르지 못하는 까닭은 난관이나 거리
때문이 아니라 그 길을 대하는 마음의 진정성에 달려 있다는 가르
침이다.

선진先進편

배움의 태도가 사람을 만든다

선진편은 공자가 제자들의 자질을 어떻게 바라보았는지를 보여준다. 특히 눈에 띄는 점은 공자가 제자들의 부족함을 꾸짖기보다 각자가 지닌 슬기로운 행실과 장점을 기꺼이 인정하고 칭찬했다는 사실이다.

'선진'과 '후진'의 구분은 예로부터 다양한 해석을 낳았다. 삼황오제 이전의 성인을 선진으로 보기도 하고, 주나라 초기 인물을 기준으로 삼기도 했다. 그러나 이 장의 흐름을 따라가다 보면, 공자의 제자들 가운데 먼저 배움을 시작한 이들을 '선진', 뒤에 배운 이들을 '후진'으로 이해하는 해석이 가장 자연스럽다. 이러한 구분에서 제자들의 품성과 덕행이 드러난다.

공자의 눈에 각 제자가 어떤 모습으로 빛났는지를 따라가다 보면, 스승과 제자가 함께 쌓아 올린 학문의 풍경이 그려진다. 선진편은 스승과 제자가 맺어온 관계의 흐름을 이해하게 해 주는 장이다.

지금의 삶을
바로 잡는 질문

형식이 앞설 때 본질은 흐려진다

> 옛 사람들은 예악에 있어 야인처럼 질박했으나, 후대의 사람들은 군자처럼 형식미를 갖추었다. 만일 나에게 어느 쪽을 택하겠느냐고 묻는다면 옛것을 택하겠다.
>
> **공자**

옛사람들의 예악禮樂이 질박했다는 말은 감정과 태도를 있는 그대로 드러냈다는 뜻에 가깝다. 반면, 후대의 예악이 형식미를 갖추었다는 평가는 본질이 깊어졌다기보다는 외형이 화려해졌다는 의미에 가깝다. 이 대목에서 공자는 군자의 이름으로 포장된 과도한 꾸밈과 허례허식을 경계하며, 점차 사라져가는 순박함을 안타깝게 바라보았다.

당시 사회에는 문화와 유행이 지나치게 만연해 있었고, 사람들은 형식에 치우치고 있다는 사실조차 자각하지 못하고 있었다. 그래서 공자는 망설임 없이 옛사람들의 질박함을 따르겠다고 말한다. 그것은 과거로 돌아가자는 선언이 아니라 본질로 돌아가자는 요청이었다.

우리는 종종 결과보다 포장에, 내용보다 연출에 더 많은 힘을 쏟는다. 그러나 관계든 일이든 오래 남는 것은 화려한 말솜씨가 아니라 꾸밈없는 태도와 일관된 행동이다.

함께한 시간은 사라지지 않는다

> 진나라와 채나라에서 고생할 때 나를 따르던 제자들이 지금은 한 사람도 보이지 않는구나. 덕행으로는 안연, 민자건, 염백우, 중궁이 있었고, 언변으로는 재아와 자공이 있었으며, 정사로는 염유와 계로가 있었고, 문학으로는 자유와 자하가 있었다.
>
> **공자**

이 구절은 말년의 공자가 동고동락했던 제자들을 떠올리며 한 회상의 말이다. 그는 어려운 상황 속에서도 좀처럼 흔들리지 않았고, 글을 읽는 틈에도 거문고를 타며 노래하곤 했다. 그러나 세월이 흐르며 고난을 함께 견뎠던 제자들이 하나둘 곁을 떠나 각자의 길로 나아가자, 공자의 마음에도 그 시절에 대한 그리움이 스며들었다. 그래서 그는 덕행과 언변, 정치와 학문에서 두각을 나타냈던 제자들을 한 사람씩 언급하며 지난 시간을 되짚는다. 후세 사람들은 이 대목에 등장하는 열 명의 제자들을 가리켜 공문십철孔門十哲이라 불렀다.

우리 또한 인생의 어느 순간, 함께 버텨온 사람들을 떠올리며 자신이 어떤 시간을 지나왔는지 되묻게 된다. 공자가 제자들의 재능을 하나하나 기억했듯이 지나온 관계를 돌아보는 일은 앞으로의 삶에서 무엇을 소중히 해야 할지를 가늠하게 해 준다.

지금의 삶이 먼저다

계로 "귀신은 어떻게 섬겨야 합니까?"

공자 "사람도 제대로 섬기지 못하면서 어찌 귀신을 논하느냐?"

계로 "그럼 죽음에 대하여 여쭙고자 합니다."

공자 "삶도 제대로 알지 못하면서 어찌 죽음을 논하느냐?"

귀신鬼神이란 천신天神과 지신地神, 인귀人鬼를 아울러 이르는 말이다. 선왕의 도는 무엇보다 사람을 섬기는 일에서 비롯되었다. 그러므로 정성을 다해 사람을 공경하지 못하면서 귀신을 섬긴다는 것은 성립될 수 없으며, 삶의 근원을 알지 못한 채 죽음의 끝을 논하는 것 또한 무의미하다.

이러한 이유로 공자는 신기하거나 괴이한 일, 힘으로 해결하려는 일, 귀신과 같은 문제를 두고 소모적인 논쟁을 벌이는 데 관심을 두지 않았다. 그가 천착한 것은 오직 현실 속에서 사람과 사람이 조화를 이루며 살아갈 수 있는 길이었다. 그렇기에 귀신과 죽음에 관해 묻는 계로季路의 질문에 공자는 단호하게 답하며, 지금의 삶과 인간의 도리를 먼저 돌아보라고 가르친 것이다.

우리는 종종 미래의 불안이나 알 수 없는 문제에 마음을 빼앗긴다. 그러나 공자가 일깨우는 바는 분명하다. 당장 눈앞의 사람을 제대로 대하지 못한다면, 그 어떤 거창한 질문도 삶을 나아지게 하지는 못한다는 사실이다.

공자가 분노한 이유

> 66
>
> 염구冉求는 내 제자가 될 수 없다. 그러니 북을 울려서 죄를 물어도 좋다.
>
> **공자**
>
> 99

계씨季氏는 주공周公보다도 많은 재산을 축적하고 있었다. 그런데 그 집안의 가신으로 있던 염구가 무거운 세금을 거두어 그 부를 더욱 키우고 있었다. 이 일을 두고 공자는 위의 말과 같이 단호하게 꾸짖었다. 염구의 행위는 백성의 삶을 돌보아야 할 자리에 있으면서 오히려 그들을 착취한 것이었다.

이는 사람을 사랑하고 어질게 대하라는 공자의 가르침과 정면으로 배치된다. 공자는 처세와 행정에 능한 염구가 자신의 재능을 권력자의 부를 늘리는 데 쓰고 있는 현실을 못마땅하게 여겼다. 그래서 그의 죄를 물으라고까지 말했지만, 이는 제자들을 선동해 해를 가하라는 뜻이 아니었다. 자신의 능력이 어디를 향해야 하는지를 분명히 깨우치려는 엄한 스승의 훈계였다.

오늘의 사회에서도 전문성과 성과는 종종 약자를 외면한 채 조직이나 개인의 이익을 키우는 데 동원되곤 한다. 공자의 분노는 능력이 많을수록 그에 따르는 책임 또한 무겁다는 점을 잊지 말라는 경고다.

선함을 넘어 성인의 길로

자장 "선인善人의 도란 무엇입니까?"

공자 "옛 성현의 가르침과 선행을 따르지 않는다면 성인의 경지에 들어가지 못한다."

자장이 말한 선인은 타고난 자질과 마음씨는 바르되, 학문을 통해 다져지는 배움의 과정을 충분히 밟지 못한 사람을 가리킨다. 이러한 사람은 선한 삶을 살아갈 수는 있으나, 성인의 가르침을 따르지 않는 한 그 경지에 이르기는 어렵다. 착한 마음은 지니고 있으되, 성인의 학문을 배우지 않았기에 성인이 남긴 예와 도를 온전히 실천할 수 없기 때문이다.

그래서 옛 성현들이 이룩해 놓은 사상과 성취를 배우고 익혀 그 성과를 자신의 삶 속으로 이어받으려는 노력이 필요하다. 이러한 학습과 실천이 지속된다면, 때로는 성인의 경지를 넘어서는 새로운 지점에 이르는 일도 가능하다. 그러나 그에 상응하는 노력이 따르지 않는다면, 성인의 경지에 도달하지 못할 뿐 아니라 삶은 껍데기만 남은 채 공허해지고 만다.

오늘날에도 선의만으로는 충분하지 않다. 좋은 뜻을 행동으로 옮기기 위해서는 사고의 기준을 세우는 훈련과 기준이 필요하며, 축적된 지혜를 배우고 자신의 삶에 적용하려는 노력이 뒤따라야 한다. 배움이 없는 선함은 쉽게 소모되지만, 지혜 위에 세워진 선함은 삶을 지탱하는 힘이 된다.

사람마다 다른 속도, 다른 처방

자로 "가르침을 들으면 곧바로 행하여야 합니까?"

공자 "부형이 계신데 어찌 부형과 상의도 없이 독단으로 행하겠다는 것이냐?"

염유 "가르침을 들으면 곧바로 행하여야 합니까?"

공자 "그렇다."

옆에서 듣고 있던 공서화公西華가 고개를 갸우뚱하며 물었다.

공서화 "자로가 물었을 때는 부형이 있으니 물어보고 행하라 하시고, 염유가 물었을 때는 즉시 행하라고 하시니 도무지 스승님의 뜻을 알 수가 없습니다."

공자 "염유는 매사에 소극적이고 주저하기 때문에 적극적으로 나서게 한 것이고, 자로는 지나친 면이 있기 때문에 한 발 물러서게 한 것이다."

공자는 성향이 서로 다른 제자들에게 같은 방식의 가르침을 강요하지 않았다. 사람은 콩나물 시루 속 콩나물처럼 동일한 조건에서 똑같이 자라지 않는다. 각자는 저마다의 판단 기준과 행동 방식, 이해의 속도를 가지고 있기 때문이다. 이러한 통찰은 오늘날에도 여전히 유효하며, 개인의 성향과 능력 차이를 고려한 교육이 필요함을 시사한다.

우리는 더 이상 하나의 정답만을 외우는 시대에 살고 있지 않다. 시간이 흐를수록 사회와 환경은 더욱 빠르게 변화하고, 그 변화는 예측하기 어려운 방향으로 요동친다. 코로나 팬데믹, 러시아와 우크라이나 전쟁, 중동 지역의 반복되는 국지적 분쟁, 미국의 돌발적인 관세정책, 중국의 한한령限韓令, 그리고 장마, 가뭄, 지진과 같은 자연재해까지 불확실성은 일상이 되었다. 이러한 시대일수록 특정 지식에만 의존하기보다 변화에 대응할 수 있는 기본 역량을 단단히 다져둘 필요가 있다.

안연顔淵편

자기 자신을 이겨내다

「논어」의 핵심은 공자의 가르침과 유교 사상을 제자들이 후세에 왜곡 없이 전하려 했다는 데 있다. 안연편 역시 당대 정치가들의 가치관과 행실을 언급하지만, 공자가 말한 '어진 정치'의 원리와 그것을 현실에서 어떻게 실천할 수 있는지를 중심에 둔다.

먼저 임금과 신하, 아버지와 아들 사이에서 지켜야 할 기본적인 덕목을 짚고, 이어 더 깊은 단계로 나아가 '인'의 경지와 덕으로 다스리는 정치의 길을 제시한다.

안연편에서는 어려운 옥사 재판과 형벌에 관한 문제를 다루며, 공자가 말한 도리가 구체적인 현실 판단에도 적용되었음을 보여준다. 안연과 자장이 인에 대해 묻자, 공자는 "인은 자신을 이기고 예로 돌아가는 것이다."라고 답했는데, 이는 오늘날까지 널리 인용되는 명구다. 이 장을 읽으면 공자가 어떤 사람을 군자로 보았는지에 대한 기준을 자연스럽게 알 수 있다.

나와 타인의 경계에서
'인'을 찾다

인은 나를 이기는 데서 시작된다

안연 "인이란 무엇입니까?"

공자 "자신을 누르고 예禮를 따르는 것이 인이다. 하루만 자신의 욕심을 누르고 예를 따라도 천하가 인으로 돌아올 것이다. 인을 실천하는 것은 자신에게 달린 것이지 남에게 달린 것이 아니다."

안연 "좀 더 소상하게 알고 싶습니다."

공자 "예가 아니면 보지 말고, 예가 아니면 듣지도 말아야 하며, 예가 아니면 말하지도 말고, 예가 아니면 움직이지도 말아야 한다."

'인'의 핵심은 자신의 욕심과 감정을 절제하고 타인을 존중하는 데 있다. 그래서 공자는 사람이 인간답게 살아가기 위해 가장 먼저 갖추어야 할 덕목이자, 여러 덕 가운데 으뜸을 바로 인이라고 보았다. 사람들 사이의 조화를 이루는 모든 행위를 품고 있으며, 이것이 구체적인 형식으로 드러난 것이 '예'다.

보고, 듣고, 말하고, 움직이는 네 가지 작용은 모두 몸의 쓰임이지만, 그 근원은 마음에 있다. 따라서 바깥의 행동을 삼가고 가다듬는 일은 곧 마음을 단련하는 길로 이어진다. 안연은 이러한 공자의 가르침을 가장 성실히 따랐기에 후일 성인의 반열에 오른 제자로 평가되었다. 진정한 변화는 남을 고치려는 데서 시작되지 않는다. 나를 이기고 다스리는 마음가짐에서 시작된다.

내가 원치 않는 것을 남에게도 하지 않는 마음

중궁 "인이란 무엇입니까?"

공자 "집을 나서면 누구를 만나든 귀한 손님을 대하듯이 하고, 백성을 부릴 때는 큰 제사를 모시듯이 해야 하며, 자기가 원하지 않는 것은 남에게도 권하지 말아야 한다. 이렇게 한다면 나라 안에서도 원망이 없고 집안에서도 원망이 없다."

공자는 장차 관직에 나아가게 될 중궁仲弓의 처지를 헤아려 그에게 걸맞은 '인'의 실천을 일러주었다. 상대를 예로써 대하는 기본적인 마음가짐, 그리고 '내가 원하지 않는 것은 남에게도 하지 말라'

는 서恕의 원칙을 중심으로 인을 풀어낸 것이다. 이는 관직에 있는 사람이 일상의 판단과 처신에서 가장 먼저 붙들어야 할 기준이기도 하다.

'서'의 개념은 동서양을 막론하고 공통의 윤리로 반복되어 왔다. 『성경』의 「마태복음」에는 "너희가 남에게 대접받고자 하는 대로 너희도 남을 대접하라."라는 말이 전해지는데, 이는 곧 역지사지의 정신과 통한다. 서로의 처지를 헤아리고 이해하며, 용서하는 방향으로 행동할 때 불필요한 다툼과 원망은 자연스럽게 줄어든다.

말의 무게가 곧 사람의 깊이가 된다

사마우 "인이란 무엇입니까?"

공자 "어진 사람은 말을 신중하게 한다."

사마우 "말을 신중하게 하면 어질다고 할 수 있습니까?"

공자 "실천보다 어려운 것이 말이다. 그러니 어찌 말을 삼가지 않을 수 있겠느냐"

사마우司馬牛는 송나라 대부 사마환퇴司馬桓魋의 이복동생으로 성품은 다소 급한 편이었으나 말솜씨가 뛰어난 인물이었다. 공자가 그에게 '말을 신중히 하라'고 강조한 것은 언변의 능숙함이 곧바로 '인'으로 이어지는 것은 아니라는 점을 일깨우기 위함이었다.

인을 실천한다는 것은 말을 잘하는 데에 그치지 않고, 말보다 행동이 앞서는 삶을 뜻한다. 아무리 말이 세련되고 논리가 정연하더라도, 언행이 서로 어긋난다면 신뢰는 쉽게 쌓이지 않는다. 공자는 이러한 점을 사마우의 기질을 헤아리며 짚어주었고, 말의 무게와 인격의 깊이가 분리될 수 없다는 사실을 가르치고자 했다.

본질과 형식은 서로를 완성한다

극자성 "군자에게 중요한 것은 본래의 바탕이지, 겉모습이나 형식을 꾸며서 무엇하겠는가?"

자공 "네 마리 말이 끄는 수레로도 선생의 혀를 따라잡지 못할 듯합니다. 바탕이 중요하듯 무늬도 중요하고, 무늬가 중요하듯 바탕도 중요합니다. 호랑이나 표범의 가죽도 바탕이 없다면 개나 양의 가죽과 다를 바가 없지 않겠습니까?"

대부 극자성極子成은 당시 사람들이 문채文采, 곧 겉모습과 장식에 지나치게 치우치는 모습을 경계하며, 무엇보다 본질이 중요하다는 점을 강조했다. 이에 대해 자공은 본질과 형식은 서로 떨어져 존재할 수 없으며, 바탕이 훌륭하더라도 겉으로 드러나는 문식文飾이 없다면 군자와 소인을 구별하기 어렵다고 반박한다.

자공에게 군자란 내면의 덕과 외면의 품격이 자연스럽게 어우러져 조화를 이루는 사람이었다.

내면의 진정성과 외면의 품격은 어느 하나만으로 충분하지 않다. '좋은 사람'이 되고자 한다면, 속과 겉이 함께 어울리는 삶을 꾸준히 연마해야 한다.

이름은 저절로 나고, 덕은 스스로 빛난다

자장 "선비가 어떻게 하면 달인의 경지에 이를 수 있습니까?"

공자 "네가 말하는 달인이 무엇이냐?"

자장 "조정에서도 인정받고, 집안에서도 인정받는 사람입니다."

공자 "그것은 명성일 뿐, 달인의 경지라 할 수 없다. 참된 달인이란 정직하고 바른 일을 기꺼이 행하며, 남의 의견을 귀기울여 듣고, 상대의 마음을 살피며, 언제나 겸손의 태도로 스스로 낮출 줄 아는 사람이다. 이렇게 할 수 있다면 나라에서도, 집안에서도 자연히 달인이라는 평판을 얻게 된다. 반면, 명성만을 좇는 사람은 겉으로는 '인'을 따르는 듯 보이지만, 실제 행실은 어긋나 있다. 그럼에도 스스로 잘하고 있다고 착각하기 마련이다. 그런 이는 나라 안에서도, 집안에서도 이름만 알려질 뿐 진정한 존경을 받지 못한다."

달인이란 보통 어떤 한 분야에서 뛰어난 능력을 갖춘 사람을 이른다. 그러나 공자는 기술이나 성취만으로는 참된 달인의 경지에 이를 수 없으며, 인격의 수양을 통해서만 완성된다고 보았다. 이름을 알리는 데만 마음이 쏠려 있으면 깊은 깨달음에 이를 수 없고, 겉으로만 어진 체하는 태도는 오히려 위선으로 기울어 오명을 남길 수 있다는 경계가 담겨 있다.

실제로 자장에게는 아는 것을 삶에서 실천하지 못하는 약점이 있었다. 이에 공자는 배움과 수양이 쌓이면 그 충만함이 자연스레 밖으로 드러난다는 이치를 일러주었다. 억지로 드러내려 애쓰는 명성이 아니라, 마음속에서 우러나오는 덕이 사람을 참된 달인의 자리로 이끈다는 뜻이다. 겉으로 보이는 성공이 아니라 내면에서 차오르는 힘이 우리를 진짜 달인으로 만든다.

말해야 할 때와 멈춰야 할 때

자공 "친구를 사귐에 있어서 어떤 도리가 있어야 합니까?"

공자 "상대가 잘못을 저질렀을 때는 성실하게 타이르며 바른 길로 인도해야 한다. 그러나 듣지 않으면 그대로 두고 스스로 욕되게 하지 말아야 한다."

친구의 잘못을 지나치게 충고하면 우정만 상할 뿐 얻는 것은 거의 없다. 아무리 정이 두터워도 친구는 혈연처럼 끊을 수 없는 관계가 아니기에 오해가 쌓이면 생각보다 쉽게 마음의 거리가 멀어지기도 한다. 친구 관계나 군신 관계가 모두 도의道義라는 약속 위에 성립한다는 말은 곧 그 관계가 강요가 아니라 존중 위에 서 있음을 뜻한다. 상대가 받아들일 준비가 되지 않았는데도 조언과 비난을 거듭한다면, 그것은 가르침이 아니라 부담이 되고, 결국 반발심만 키울 뿐이다.

지나친 개입은 선의라도 독이 될 수 있다. 상대를 고치려는 마음이 과하면 상대는 공격받는다고 느끼고 스스로 방어한다. 그렇게 되면 충고가 아니라 갈등만 깊어진다. 만일 정성을 다해 말했음에도 받아들여지지 않는다면, 그것은 상대의 몫이다. 모든 충고가 열매를 맺어야 할 필요는 없으며, 듣지 않았다는 이유로 스스로 실패라 단정할 필요도 없다.

선한 벗이 나를 더 나은 사람으로 만든다

> **"**
> 군자는 학문을 통하여 벗을 얻고, 벗을 통하여 인의 길로 나아간다.
>
> **증자**
> **"**

이 구절에서 말하는 '학문'은 단순히 지식을 많이 쌓는 일이 아니라, 올바른 인격과 덕을 기르는 수양의 과정이라 할 수 있다. 그러므로 뜻을 함께하는 벗을 만나 서로의 선한 점을 취하고 북돋울 수 있다면, '인'과 '덕'은 날마다 자연스럽게 깊어질 수밖에 없다. 증자가 말했듯이 좋은 벗이란 나의 부족함을 드러내어 부끄럽게 만드는 사람이 아니라, 그 부족함을 메우도록 곁에서 끌어주는 동반자다. 서로를 더 어진 사람으로 이끄는 관계, 그것이 벗의 본래 모습이다.

세상을 살아가며 마음을 나눌 수 있고 믿을 수 있는 지란지교知蘭之交 같은 친구가 곁에 있다면 그보다 복된 일도 드물다. 그러나 그런 벗을 얻으려면 먼저 나 자신이 누군가에게 좋은 벗이 될 인격적 준비를 갖춰야 한다.

주자 역시 이 구절을 풀이하며, "학문으로 벗을 모으면 '도'가 더욱 밝아지고, 훌륭한 사람을 가까이함으로써 '인'을 돕게 되니, '덕'이 날마다 진보한다."라고 했다. 내가 성실한 태도와 배움의 자세를 갖추면 그에 걸맞은 사람들과 자연스럽게 연결된다. 좋은 사람은 애써 찾아다니며 붙잡아야 할 대상이 아니라, 스스로 삶을 닦는 과정에서 서서히 끌려오게 되는 존재다.

세상 속에서
기준을 정립하다

흔들리지 않는 판단의 힘

자장 "총명함이란 무엇입니까?"

공자 "물에 스며들 듯 은근히 파고드는 모략과, 피부를 찌르는 듯한 참소讒訴에 흔들리지 않는다면, 사리에 밝다고 할 수 있다. 그런 것들에 끌려가지 않는다면 멀리 내다볼 수 있는 안목까지 갖춘 사람이라고 말할 수 있다."

이 구절에서 말하는 '총명함'은 사리사욕이나 편견에 가려지지 않는 투명한 판단력을 가리킨다. 우리는 살아가면서 수없이 많은 상황과 선택 앞에 서게 되지만, 현실은 객관식 문제처럼 하나의 정답만 있는 구조가 아니다. 여러 가능성을 열어두고 사태의 인과를 살피며, 그 순간 가장 이치에 맞는 선택을 할 수 있어야 한다. 교육의 목적 역시 이렇게 올바른 판단과 선택을 할 수 있는 힘을 길러 주는 데 있다.

사리에 밝다는 것은 모략이나 참소에 휘둘리지 않고, 눈앞의 이익에 매이지 않으며, 더 먼 관점을 확보하는 능력을 말한다. 정보가 넘쳐나는 시대일수록 사실보다 감정에 휘둘리지 않는 '판단 근력'이 필요하다. 즉각 반응하기보다 한 걸음 거리를 두고 바라볼 줄 아는 사람은 일과 관계에서 흔들림이 적다. 총명함은 타고나는 자질이라기보다는 매일의 선택과 검증을 통해 길러지는 삶의 기술이다.

정치의 뿌리는 신뢰에 있다

자공 "정치란 무엇입니까?"

공자 "식량을 넉넉히 하고, 군비를 갖추고, 백성들의 신뢰를 얻는 것이다."

자공 "부득이 버려야 한다면 이 셋 중 무엇을 먼저 버려야 합니까?"

공자 "군비다."

자공 "그래도 또 하나를 버려야 한다면 어느 것입니까?"

공자 "식량이다. 사람은 언젠가 죽기 마련이지만, 백성의 믿음이 없으면 나라는 설 수 없다."

이 구절은 공자의 인仁 사상을 신의정치信義政治의 개념으로 풀어
낸 대목이다. 식량과 군비는 백성의 신뢰를 지키기 위한 수단일 뿐
그 자체가 목적은 아니다. 하지만 믿음이 무너지면 국가는 존립할
기반 자체를 잃는다. 굶주림이 있어도 신뢰가 남아 있는 공동체는
회복의 희망이 있지만, 신뢰를 잃은 공동체에서는 어떤 자원도 제
역할을 하지 못한다. 그래서 공자는 정치의 뿌리를 백성들의 마음,
곧 '신뢰'에 두었고, 자공 또한 이후 정사를 맡을 때 언제나 백성의
신뢰를 가장 먼저 헤아렸다고 전해진다.

이 통찰은 오늘의 리더십에서도 이어진다. '신뢰'는 다른 모든 능
력을 가능하게 하는 기반이다. 성과나 권위보다 중요한 것은 '저 사
람이라면 믿을 수 있다'는 평판이며, 이 신뢰가 쌓이면 조직도, 관
계도, 삶도 자연스럽게 제 길을 찾는다.

분쟁을 없애는 정치의 길

> 66
>
> 재판을 하기 위하여 송사訟事를 듣는 것은 나도 남과 다
> 를 것이 없다. 하지만 내가 해야 할 일은 송사가 없도
> 록 하는 것이다.
>
> **공자**
>
> 99

송사란 백성들이 서로 다투다가 해결이 어려워 관청에 호소하는
일을 말한다. 공자가 강조한 바는 단순히 '공정한 판결'을 내리는

데 그치지 않고, 분쟁이 생기지 않도록 미리 살피고 조정하는 일이 정치의 더 큰 책무라는 점에 있다. 실제로 편향된 정책이나 모호한 법령은 갈등을 낳고, 그 갈등은 다시 송사로 이어지기 마련이다. 따라서 위정자가 해야 할 일은 맹목적으로 중도만을 따르라는 의미가 아니라, 합리적이고 균형 잡힌 판단으로 분쟁의 씨앗을 사전에 거두어들이라는 취지다.

공자가 그린 이상적인 사회는 시비와 다툼이 끊이지 않는 곳이 아니라 사람들이 굳이 다투지 않아도 될 만큼 질서와 신뢰가 살아 있는 일상이었다. 문제를 '해결하는 사람'보다 문제 자체가 생기지 않도록 관리하고 조율할 줄 아는 사람이 진정한 리더다. 인간관계든 조직이든 갈등은 어느 날 갑자기 튀어나오는 것이 아니라 작은 균열과 오해에서 생긴다.

바람이 불면 풀이 눕는다

계강자 "무도한 자들을 모두 처벌해 버리면 백성들이 자연히 바른길을 걷지 않겠습니까?"

공자 "정치를 하는데 어찌 먼저 '죽이는 방법'을 떠올리겠는가. 위정자가 바르게 서면 백성들도 바르게 따르는 법이다. 군자의 덕은 바람과 같고, 소인의 덕은 풀과 같으니, 바람이 불면 풀이 어찌 눕지 않을 수 있겠는가."

계강자는 백성들을 바로잡기 위한 수단으로 극단적인 처벌, 심지어 전장戰場에서나 있을 법한 사형까지 염두에 두었다. 그러나 무도한 이를 강하게 징벌한다고 해서 그들이 마음으로 뉘우치고 따르게 되는 것은 아니다. 공자는 시간이 다소 걸리더라도 두려움이 아닌 '교화敎化'의 길로 나아가야 한다고 조언했다.

위정자가 올바른 마음과 정당한 방식으로 정치를 펼친다면, 백성들은 바람에 풀이 눕듯 자연스럽게 그 영향을 받아 선을 따르게 된다. 덕으로 감화시키는 일이야말로 가장 근본적이고 오래가는 정치라는 뜻이다.

감정의 파도에 흔들리지 않는 마음술

번지 "인격을 높이고, 사악함을 다스리며, 미혹된 바를 가려내려면 어떻게 해야 합니까?"

공자 "좋은 질문이다. 일을 먼저 하고, 얻는 것은 나중에 생각하면 인격이 높아지고, 자신의 잘못을 먼저 돌아보고 남의 과실은 따지지 않으면 사악함을 다스릴 수 있으며, 순간의 분노가 앞서 자신의 몸을 해치고 부모까지 욕되게 한다면 그것이 곧 미혹됨이다."

이 구절에서 공자가 강조한 핵심은 감정에 휘둘리지 않고 스스로 이성적인 판단의 기준을 세우라는 데 있다. 미혹되지 않으려면 일을 시작할 때 이해득실을 먼저 계산하기보다 의로움과 바름을 우선해 판단해야 한다. 또한 남의 잘못을 알았다 하더라도 이를 집요하게 책망해서는 안 되며, 한순간의 분노를 참지 못해 현실 감각을 잃는 일도 삼가야 한다.

공자는 더 나아가 행동에서는 솔선수범하고, 공적을 논할 때는 남에게 양보하며 자신은 뒤로 물러서라고 일러주었다. 이것이 인격을 높이고 사악함을 다스리며 미혹을 피하는 길이라는 의미다.

순간의 감정 폭발은 많은 것을 무너뜨릴 수 있다. 한순간의 분노가 쌓아온 관계를 흔들고, 커리어의 방향을 틀어놓으며, 자신을 지탱해 온 삶의 균형마저 위태롭게 할 수 있다.

사람을 잘 쓰면 정치가 바로 선다

번지 "인이란 무엇입니까?"

공자 "사람을 사랑하는 것이다."

번지 "그렇다면 지혜란 무엇입니까?"

공자 "사람을 알아보는 것이다."

그런데도 번지가 알아듣지 못하자, 공자가 다시 말했다.

공자 "정직한 사람을 등용하여 정직하지 않은 사람 위에 두면, 정직하지 않은 사람도 정직하게 된다."

이 구절에서 공자가 말하는 '인'은 특정한 사람에게만 향하는 호의가 아니라, 모든 이를 아우르는 사랑과 배려를 뜻한다. 그리고 '지혜'란 단순한 영민함이 아니라, 바른 인재를 알아보고 그에 걸맞게 기용할 줄 아는 안목을 의미한다. 결국 공자의 가르침은 정치의 근본을 바로 세우려면 무엇보다 사람을 제대로 세워야 한다는 데 있다.

실제로 순임금이 천하를 다스릴 때 수많은 사람 가운데서 고요 皐陶를 발탁하자, 불인不仁하고 불선不善한 이들은 자연스럽게 자리를 잃었다고 전해진다. 탕임금 또한 나라를 이끌며 이윤伊尹을 기용하자, 불선한 무리가 스스로 물러났다. 억지로 몰아내지 않아도, 바른 사람이 중심에 서면 그에 어울리지 않는 기운은 저절로 설 자리를 잃는다는 뜻이다.

이처럼 국정의 성패는 제도보다 사람을 알아보는 눈에 달려 있다. 성공은 새로운 방법을 찾는 데서 시작되기보다 사람을 제대로 쓰는 데서 비롯된다. 유능한 인재를 발탁해 그 능력을 믿고 쓰면 불필요한 갈등이나 불선함은 굳이 다스리지 않아도 차츰 사라진다.

자로 子路 편

화이부동, 군자가 서는 자리

자로편에는 공자의 생각이 여러 층에서 폭넓게 담겨 있다. 안으로는 개인의 수양을 중심에 두고, 밖으로는 정치와 교육, 철학에 이르기까지 삶 전반의 문제를 아우른다. 특히 주목할 만한 부분은 '화이부동和而不同'에 대한 논의다. 이는 겉으로는 조화를 이루되, 내적으로는 타인에게 휘둘리지 않고 자신의 중심을 잃지 않는 삶의 태도를 말한다.

자로편의 전반부에서는 주로 정치와 관련된 문답이 이어지고, 후반부에서는 나라를 이끄는 사람이 지켜야 할 윤리와 자세가 제시된다. 공자는 군자가 중용의 도를 지키며, 윤리와 도덕을 토대로 스스로 다스리고 세상을 이끌어야 한다고 강조한다. 제자들 또한 스승의 뜻을 따라 사람마다 생각이 다를 수 있음을 인정하고 그 차이를 존중하는 태도가 필요하다고 보았다.

획일적인 동일함을 강요하는 화합은 오히려 성장을 가로막는다. 서로의 다름을 인정하는 가운데 이루어지는 조화만이 진정한 의미의 '화和'다. 이 장은 바로 이 점을 일관되게 보여준다.

사람을 세우고 나라를 이끄는
공자의 리더십

좋은 사람을 세우면 좋은 사람이 모인다

중궁 "정치란 무엇입니까?"

공자 "그 사람의 능력에 맞게 일을 맡기고, 작은 실수는 굳이 탓하지 말며, 현명한 인재를 발탁하는 일이다."

중궁 "어떻게 해야 현명한 인재를 발탁할 수 있습니까?"

공자 "먼저 네가 잘 알고 있는 사람을 등용시켜라. 그러면 네가 알지 못하는 인재는 그들이 추천해 줄 것이다."

이 구절은 계씨의 재상으로 임명된 중궁仲弓이 정치에 대해 묻자, 공자가 이에 답한 내용이다. 중궁은 제자 염옹冉雍으로 덕행이 뛰어나 공문십철孔門十哲 가운데 한 사람으로 꼽힌다. 공자는 큰 잘못은 정사에 해를 끼칠 수 있으므로 마땅히 바로잡아야 하지만, 작은 허물까지 모두 문제 삼아서는 형벌이 남용될 수 있다고 보았다. 오히려 사소한 잘못은 너그럽게 덮어줄 때, 백성들은 그 뜻을 헤아리고 스스로 분발하게 된다는 것이다.

공자는 또 몇 가지 중요한 원칙을 덧붙인다. 일을 맡기지 않으면 군주가 신하의 몫까지 떠안게 되고, 작은 허물을 용서하지 않으면 온전한 사람이 남지 않으며, 현자를 등용하지 않으면 모든 직무가 막히게 된다는 점이다. 그래서 위정자는 이 세 가지를 늘 마음에 두고 정사를 펼쳐야 한다고 조언했다. 다스림의 핵심은 통제보다 신뢰에 있고, 세세한 개입보다 큰 흐름을 살피는 데 있다는 뜻이다.

좋은 사람을 기용하면 그 사람은 다시 좋은 사람을 불러온다. 이는 현대 조직에서 말하는 '네트워크 효과'와도 같다. 신뢰할 만한 사람을 중심에 세우면, 그 주변으로 자연스레 건강한 인재풀이 형성된다.

정확한 정의가 있어야 정확한 실행이 있다

자로 "만일 위나라 임금이 국정을 맡긴다면 스승님께서는 무엇을 먼저 하시겠습니까?"

공자 "명분을 바로 세우겠다."

자로 "스승님께서는 세상 물정에 어두우십니다. 명분을 바로 세워서 무엇에 쓰시겠습니까?"

공자 "경솔하구나. 군자는 자신이 모르는 일에 대해서는 함부로 말하지 않는다. 명분이 바로 서지 않으면 말이 이치에 맞지 않고, 말이 이치에 맞지 않으면 일이 제대로 이루어지지 않는다. 일이 제대로 이루어지지 않으면 예악^{禮樂}이 흥성^{興盛}하지 못하고, 예악이 흥성하지 못하면 형벌이 공정할 수 없다. 형벌이 공정하지 못하면 백성은 어디에 발붙여야 할지 모르게 된다. 그러므로 군자는 명분을 세우고, 이치에 맞게 말하며, 한 번 뱉은 말은 반드시 지켜야 하는 것이다."

이 구절에 등장하는 위나라 임금은 출공^{出公}이다. 출공은 할아버지 영공^{靈公}이 세상을 떠나자, 생전에 할아버지에게 쫓겨났던 아버지의 귀국을 막고 스스로 왕위에 올랐다. 공자는 이를 명분을 잃은 처사로 보았고, 만약 자신에게 국정을 맡긴다면 가장 먼저 정명^{正名}, 곧 명분을 바로 세우는 일을 하겠다고 말한 것이다.

그러나 자로는 스승의 의도를 끝내 깊이 이해하지 못했다. 그는 훗날 출공의 곁에서 벼슬을 했다가 난리 속에 휘말려 목숨을 잃었는데, 이는 '녹봉을 받는 자는 그 나라의 어려움을 피하지 않는다'는 의리만 좇았기 때문이다. 아버지를 몰아내고 왕위에 오른 군주의 신하가 되는 것이 오히려 더 큰 의리에 어긋난다는 점을 미처 헤아리지 못한 것이다.

공자가 말한 '정명'은 고대 정치에서만 필요한 원칙이 아니다. 우리의 말과 선택, 관계와 리더십을 바로 세우는 가장 기본적이면서도 근본적인 기준이기도 하다. 이름과 실질實質이 어긋나지 않게 하려는 태도는 오늘의 삶에서도 동일하게 적용된다.

말의 무게를 모르면 권력도 위태롭다

정공 "말 한마디로 나라를 흥하게 할 수 있다고 들었는데, 과연 그런 말이 있습니까?"

공자 "말이란 한마디로 단정할 수 있는 것이 아니다. 다만 세상 사람들이 '임금 노릇하기가 어렵다'고 말한다. 임금이 그 어려움을 깨닫고 스스로 삼가고 처신한다면, 그것이 곧 나라를 일으키는 길 아니겠는가."

정공 "말 한마디로 나라를 망하게 할 수 있다고 들었는데, 과연 그런 말이 있습니까?"

공자 "말 한마디로 규정하기는 어렵다. 다만 세상 사람들은 '임금 노릇처럼 즐거운 것이 없다. 임금이 말하면 따르지 않는 이가 없다.'라고 말한다. 임금의 말이 옳고 그름이 분명할 때 많은 이가 따른다면 참으로 복된 일이다. 그러나 그 말이 옳지 않은데도 모두가 따른다면 그것이 바로 나라를 망하게 하는 길 아니겠는가."

이 구절은 노나라의 흥망성쇠를 두고 나눈 폭넓은 성찰을 담고 있다. 한 나라의 운명을 어찌 말 한마디로 단정할 수 있겠는가. 그럼에도 공자의 요지는 분명하다. 임금이 자신의 책임을 자각하고 몸가짐을 삼가며, 덕으로 사람들을 이끈다면 나라는 자연히 흥하게 된다는 것이다. 반면, 백성이 임금을 거스를 수 없다는 점에 기대어 교만과 망언을 일삼는다면, 나라는 서서히 기울 수밖에 없다. 위정자가 도리를 잊고 사사로운 욕망과 일시적인 즐거움에 빠지는 일 또한 나라를 그르치는 가장 빠른 길이다.

특히 공자가 경계한 것은 말이 옳지 않은데도 모두가 그대로 따르는 상황이다. 비판이 사라지고, 듣기 좋은 말만 하는 이들만 남는 순간, 잘못을 바로잡을 기회 역시 함께 사라진다. 이는 오늘날 우리가 말하는 '독단적 리더십이 무너지는 과정'과 크게 다르지 다. 큰 정치는 누구나 맡을 수 있는 자리가 아니다. 그 무게를 감당할 수 있는 사람, 책임 앞에서 스스로 낮출 줄 아는 사람만이 감당할 수 있는 일임을 일깨운다.

올바른 리더는 적재적소를 안다

> 군자를 섬기기는 쉬우나 기쁘게 하기는 어렵다. 기쁘게 하려 해도 도리에 맞지 않으면 기뻐하지 않는다. 그러나 군자가 사람을 부릴 때는 그 사람의 그릇에 맞게 일을 시킨다. 반면, 소인을 섬기기는 어려우나 기쁘게 하기는 쉽다. 비록 도리에 맞지 않는 방법일지라도 아부하면 기뻐한다. 그러나 소인이 사람을 부릴 때는 모든 것을 갖추고 있기를 바란다.
>
> **공자**

이 구절에서 공자는 군자와 소인의 차이를 통해 천리天理를 따르는 리더와 인욕人欲에 끌리는 리더의 차이를 설명한다. 군자는 사람의 재능과 능력을 살펴 그에 맞는 일을 맡기기에 누구든 자신의 몫을 다하기가 한결 수월하다. 다만 도리에 어긋나는 일을 기뻐하지 않으므로 군자를 만족시키는 일은 쉽지 않다.

반면, 소인은 사람에게 지나치게 많은 것을 요구하기 때문에 기대만큼의 성과를 얻기 어렵다. 그러나 도리에 맞지 않더라도 비위를 맞추는 말과 행동에는 쉽게 마음을 연다. 공자는 이러한 대비를 통해 리더십이 무엇을 기준으로 삼아야 하는지를 일러준다.

좋은 리더는 구성원의 그릇을 헤아려 일을 맡긴다. 군자는 각장 능력을 살피고 그에 맞는 역할을 부여한다. 이는 현대 조직의 '적재적소'와 같아 자연스럽게 성과로 이어진다.

인격과 관계의 기준,
함께 성장하는 법

인격의 뿌리를 지키는 세 가지 덕

번지 "인이란 무엇입니까?"

공자 "평소에는 공손하게 행동하고, 일을 할 때는 신중하게 하며, 사람을 대할 때는 진심으로 대해야 한다. 이것은 오랑캐 땅으로 가더라도 버려서는 안 된다."

공손함은 겉으로 드러나는 품격이고, 일에 대한 신중함은 내면의 중심을 잡아주는 힘이다. 사람을 대할 때의 진심은 관계를 지탱하는 근본이다. 공자는 이 세 가지를 굳건히 지키고 소홀히 하지 않아야 '인'을 체득할 수 있다고 보았다. 이는 장소가 어디든, 상황이 어떠하든 흔들림 없이 유지해야 할 삶의 기준이라는 뜻이다.

인에 대한 질문은 제자들마다 상황마다 달랐지만, 공자는 언제나 그들의 성향과 처한 맥락에 맞추어 다른 답을 내놓았다. 그래서 공자의 '인'은 하나의 고정된 정의라기보다 살아 움직이는 유기체처럼 사람에 따라 다양한 모습으로 드러나는 실천적 가르침이라 할 수 있다.

공자가 제자마다 다른 방식으로 답한 이유도 여기에 있다. 인은 머리로 이해하는 개념이 아니라 각자의 성향과 능력, 맡은 역할과 놓인 상황에 따라 다르게 실천되어야 하는 덕목이기 때문이다. 오늘의 언어로 말하자면, 인은 한 번 정해지고 끝나는 원칙이 아니라, 삶에서 끊임없이 조정되고 갱신되며 깊어지는 실천 철학이다.

중용의 눈으로 보는 평가

자공 "마을 사람들이 모두 좋아하는 사람이라면 어떻습니까?"

공자 "그것만으로는 부족하다."

자공 "마을 사람들이 모두 미워하는 사람이라면 어떻습니까?"

공자 "그것만으로도 부족하다. 마을의 착한 사람들이 좋아하고, 착하지 않은 사람들이 미워하는 것만 못하다."

사람에 대한 평가는 늘 다양하지만, 이 구절에서는 이를 '모두에게 호감을 얻는 사람'과 '모두에게 미움을 받는 사람'이라는 단순한 두 기준으로 나누어 설명한다. 선한 사람도 좋아하고 악한 사람도 좋아하는 이는 대개 이익에 영합해 누구에게나 맞추려는 구차한 태도를 지니기 쉽다. 반면, 선한 이도 미워하고 악한 이도 미워하는 사람은 성격과 행실에 결함이 있는 경우가 많다.

그러나 선한 이들에게는 신뢰와 호감을 얻고, 악한 이들에게는 미움을 받는 사람이라면 이야기는 달라진다. 이는 그가 지향하는 기준과 삶의 태도가 분명하고 곧다는 뜻이기 때문이다. 예나 지금이나 사람들은 비슷한 가치와 기질을 지닌 이들과 가까워지고, 각자의 기준에 따라 자연스럽게 호불호가 갈린다. 공자는 바로 이 지점에서 사람의 평가를 넘어 스스로 기준을 지키는 중용의 도를 일깨운다.

모두에게 사랑받는 사람은 없다. 그리고 그럴 필요도 없다. 모든 이에게 잘 보이려 하면 기준이 흐려지고, 어떤 자리에서도 중심을 잡기 어려워진다. 공자가 말한 '모두가 좋아하는 사람은 오히려 의심스럽다'는 뜻은 바로 이 점을 일러준다.

서로를 살리는 관계

자로 "어떻게 해야 선비라고 할 수 있습니까?"

공자 "서로 선을 권하고, 서로의 잘못을 고치도록 힘쓰며, 서로 화목해야 선비라고 할 수 있다. 그러므로 벗과는 진심으로 격려하며 교제하고, 형제들끼리는 우애를 바탕으로 화목해야 한다.”

선비의 길은 멀리 있지도, 지나치게 어려운 데 있지도 않다. 그
것은 인간이라면 마땅히 지켜야 할 기본적인 도리를 삶에서 실천
하는 데서 시작된다. 벗과는 학문과 삶을 두고 서로를 북돋우며 함
께 성장해야 하고, 형제 사이에서는 물질적 이해관계로 반목하기
보다 화합을 먼저 헤아려야 한다는 뜻이다.

그동안 '인'에 대한 질문이 여러 차례 이어졌듯이 선비에 관한 물
음 또한 반복되었지만 공자가 매번 다른 답을 내놓은 이유는 분명
하다. 질문하는 이의 재능과 성품, 그리고 놓인 상황을 살펴 그에
맞는 가르침을 건넸기 때문이다. 특히 이 구절에서는 벗을 존중하
고 배려하지 않으면 좋은 인연을 이어가기 어렵고, 형제간의 다툼
은 혈연의 끈마저 약하게 만들 수 있음을 분명히 한다. 그래서 서
로를 돕고 격려하며 화목을 지키는 일이 선비의 가장 기본적인 덕
목으로 제시된다.

선비의 삶이란 특별한 이상을 좇는 일이 아니라 관계 속에서 도
리를 지키고 사람을 살리는 태도를 쌓아가는 과정이라 할 수 있다.

헌문憲問편

덕을 실천하는 사람이 세상을 바꾼다

원헌原憲은 공자의 제자로 성은 원原, 이름은 헌憲이며, 자는 자사子思로 전한다.

『논어』 제12편에서는 안회가, 제13편에서는 자로가 중심에 놓이지만, 헌문편에 등장하는 원헌은 십철十哲에 속하지도 않고 역사적으로 눈에 띄는 업적을 남긴 인물도 아니다. 그럼에도 이 장이 공자의 핵심 사유를 담은 장으로 자리한 데는 분명한 이유가 있다. 원헌은 안회에 견줄 만큼 정직하고 곧은 품성을 지닌 사람이었기 때문이다.

원헌이 살던 집은 매우 소박했다. 풀로 엮은 지붕, 뽕나무 가지와 쑥대로 만든 문, 비만 오면 물이 새고 습기가 가득한 작은 공간이었다. 그러나 그는 이런 환경을 원망하지 않았다. 스승의 가르침을 성실히 따르며 정도와 절의를 지켰고, 학문과 예악을 꾸준히 익히며 자신에게 주어진 길을 묵묵히 걸어갔다. 남을 탓하거나 세상을 한탄하기보다 주어진 운명을 담담히 받아들이는 태도. 이것이 바로 공자가 높이 평가한 덕을 삶으로 실천한 모습이었다.

군자의 품격,
시대를 향한 책임

군자가 부끄러워해야 할 일

원헌 "부끄러움이란 무엇입니까?"

공자 "나라에 도가 행해지고 있을 때 아무 일도 하지 않으면서 자리를 차지하고 녹을 받아먹는 것, 그리고 나라에 도가 사라졌는데도 자리에서 물러나지 않고 녹을 받아먹는 것, 그것이야말로 부끄러운 일이다."

원헌은 평소 청빈한 삶을 살며 벼슬이 없고 가난한 처지를 조금도 부끄러워하지 않았다. 그는 백성들이 어려움을 겪는 상황에서 아무런 역할도 하지 않은 채 자리만 지키며 녹을 받는 일은 군자의 길이 아니라고 여겼다. 공자 역시 그의 이런 마음을 잘 알고 있었기에 세상과 거리를 두기만 하지 말고 세상으로 들어가 나라와 백성을 위해 힘을 보태야 한다고 일깨워 주었다.

선비가 학문을 익히고 수양을 쌓는 이유는 우선 자기 자신을 다듬기 위함이지만, 그다음에는 마음에 품은 뜻을 펼쳐 사람들에게 도움이 되고 세상을 더욱 이롭게 하기 위함이다. 공자는 바로 이 점을 상기시키며 맡은 책임을 피하는 태도도, 이미 물러나야 할 자리에서 욕심을 내는 태도도 군자의 길과는 거리가 멀다고 말했다.

배움의 완성은 결국 나를 넘어 다른 이들에게까지 좋은 영향을 돌려주는 데 있으며, 그래서 선비는 세상 속으로 걸어 들어가야 한다고 가르친 것이다.

좋은 마음만으로는 부족한 이유

원헌 "남을 이기려 하지 않고, 자신을 과시하지 않으며, 남을 원망하지 않고, 욕심내지 않는다면 어질다고 할 수 있습니까?"

공자 "실천하기 어렵겠지만, 그것이 어진 것인지는 나도 알 수가 없구나."

원헌은 자신이 실천할 수 있다고 여긴 네 가지 덕목을 기준 삼아 질문했지만, 공자는 그것만으로 '인'을 온전히 설명하기 어렵다고 보았다. '어질다'는 것은 단순히 감정을 억누르거나 욕망을 절제하는 차원이 아니라, '자기를 이기고 예로 돌아가는' 극기복례克己復

의 깊은 경지에 이르러야 가능한 일이기 때문이다. 더 나아가 '인'은 타인을 사랑하고, 타인과 더불어 조화롭게 살아가는 폭넓은 덕목이다. 자신이 서고자 하면 먼저 남을 세우고, 자신이 통달하고자 하면 먼저 남을 통달하게 하는 마음이 바로 인의 근본이라고 공자는 보았다.

원헌이 제시한 네 가지 기준은 어떤 면에서는 인에 가깝지만, 인의 전체적이고 본질적인 의미를 담기에는 다소 좁은 틀이다. 그래서 공자가 '그것이 과연 인인지 나는 알 수 없다'고 답한 것은 완전히 인정하기도, 완전히 부정하기도 어려운 부분적 정의였기 때문일 것이다.

인은 '내 마음을 바로 세우는 일'과 '타인을 향한 배려'가 함께 있어야 비로소 완성된다. 극기복례가 욕망을 절제하고 마음을 다스리는 자기관리라면, 인은 그 내면의 힘이 타인을 세워주는 행동으로까지 이어지는 상태다. 즉, 내면과 관계 두 가지 축이 갖추어져야 한다는 것이 공자의 가르침이다.

군자의 몸가짐과 말의 경계

> 66
>
> 나라에 도가 행해질 때는 말은 당당히 하고 행동은 떳떳하게 하며, 나라에 도가 행해지지 않을 때는 말은 낮추고 행동은 공손해야 한다.
>
> **공자**
>
> 99

세상의 인심이 어지러울 때는 말을 앞세우거나 지나치게 두드러지는 행동을 삼가야 한다는 가르침이다. 가만히 있으면 무사할 수 있는 상황에서 공연한 말과 행동으로 스스로 화를 부르는 일이 없도록 경계하라는 뜻이다. 특히 도가 흔들리고 질서가 무너진 시대일수록 더욱 조심해야 하며, 자신이 처한 자리와 때를 분별하여 신중하게 말하고 행동하라는 교훈이 담겨 있다.

윤돈尹焞은 이 구절을 해석하며 이렇게 말했다. "군자의 몸가짐은 늘 한결같되, 말은 함부로 앞서지 않아야 한다. 이는 화를 피하기 위함이다." 군자의 태도는 늘 단단해야 하지만, 말은 상황에 맞게 절제되어야 한다는 뜻이다.

'때를 아는 능력'은 삶의 성숙도를 가늠하는 중요한 기준이다. 공자가 강조한 것은 단순히 침묵이 아니라 상황을 살피고 스스로 행동을 조율하는 감각이다. '무엇이 옳은가'만이 아니라, 언제, 어떻게 말할 것인가가 사람의 깊이를 결정한다. 말을 잘하는 사람보다 말할 때를 아는 사람이 더 신뢰받는 이유가 여기에 있다.

언행과 품격의 기준

> 덕이 있는 사람은 바른말을 하지만, 바른말을 한다고 해서 반드시 덕이 있는 것은 아니다. 어진 사람은 용기가 있지만, 용기가 있다고 해서 반드시 어진 것은 아니다.
>
> **공자**

말에는 반드시 실천이 뒤따라야 하며, 용기는 신념이 행동으로 드러날 때 가치를 지닌다. 덕이 없는 말은 겉으로는 그럴듯해 보여도 속을 들여다보면 큰소리나 허풍에 가까울 뿐이다. 덕이 있는 사람의 말은 꾸밈이 없어도 사람을 일깨울 만큼 힘이 있지만, 말을 능숙하게 한다고 해서 그 자체가 덕으로 이어지는 것은 아니다.

어진 사람은 옳은 일을 위해 용기를 내지만, 용기만으로 어짊을 말할 수는 없다. 인을 갖추지 못한 용기는 어느 순간 만용이나 객기로 흐르기 쉽고, 때로는 타인을 다치게 하거나 자신을 위험에 빠뜨릴 수도 있기 때문이다. 어짊은 용기를 비추는 등불과 같아서 마음의 바탕이 단단할 때에만 용기는 올바른 방향으로 나아간다.

생각이 머물러야 할 자리

> 66
>
> 군자는 생각이 자기 위치에서 벗어나지 않는다.
>
> **증자**
>
> 99

사람에게는 저마다 맡은 역할과 자리가 있다. 그 자리를 떠나 무리하게 다른 일을 도모하면 어느 순간 자연스레 질서가 깨지고 조화가 흐트러지기 마련이다. 그래서 일은 자신에게 주어진 범위 안에서 성실하게 다할 때 제 모습을 찾아간다. 마치 사물이 제자리에 놓여 있을 때 세상의 이치가 바르게 움직이는 것과 같다.

군자가 자기 자리를 벗어나지 않는다는 말은 생각과 행동이 언제나 자신의 역할에 맞춰 자리 잡고 있음을 뜻한다. 이런 태도가 삶에 자리 잡으면 군신, 상하, 대소의 관계가 제 이름과 역할을 되찾고, 그 안에서 자연스러운 조화가 생겨난다. 정이程頤는 이에 대해 "말과 행동, 그리고 생각이 머물러야 할 자리에서 멈출 때 어지러운 현상과 잘못된 판단을 바로잡을 수 있다."라고 풀이했다.

마음이 흔들리고 관계가 복잡해지는 순간은 대개 '나의 자리'를 잊었을 때, 또는 '감당할 수 있는 범위를 넘어섰을 때' 찾아온다. 반면, 자신에게 맡겨진 역할에 집중하면 인간관계나 책임이 더욱 안정된다.

자기 위치를 지킨다는 것은 한계를 긋는 일이 아니라 중심을 세우는 일이다. 중심이 바로 설 때 생각은 흩어지지 않고, 행동은 흔들리지 않으며, 삶은 자연스레 균형과 질서를 회복한다.

내면의 군자를 깨우는
수양과 통찰

내면을 강하게 만드는 세 가지 원칙

> "
> 군자의 도에는 세 가지가 있으나, 나는 아직 그 어느
> 것도 충분히 실천하지 못하고 있다. 어진 사람은 근심
> 하지 않고, 지혜로운 사람은 흔들리지 않으며, 용감한
> 사람은 두려워하지 않는다.
>
> **공자**
> "

이 구절에는 스스로 능력을 갈고닦으면 타인의 인정은 자연스럽
게 뒤따른다는 깊은 뜻이 담겨 있다. 공자가 이 세 가지를 실행하
기 어렵다고 말한 것은 실제로 부족해서가 아니라, 자신의 위치와
영향력을 고려한 겸손의 표현에 가깝다. 이를 잘 알고 있던 자공은
자신이 가르치는 제자들에게 이 말을 전하며 스승의 의도를 설명

했다.

모든 근심은 욕심에서 비롯되기에 인(仁)을 갖춘 사람은 욕심을 다스릴 수 있어 마음이 가벼워진다. 지혜로운 사람은 분별력이 있으므로 남의 말이나 상황에 쉽게 흔들리지 않는다. 용기 있는 사람은 뜻이 굳세어 옳다고 믿는 일 앞에서는 두려움을 넘어선다.

공자가 이 세 가지를 언급한 이유는 자신을 낮추기 위함이 아니라, 제자들에게 수신을 위한 핵심 덕목인 '인, 지혜, 용기'를 잊지 말라고 당부하기 위함이었다. 이는 현대에도 한 사람의 삶을 지탱하는 중요한 힘이라 할 수 있다.

판단하지 말고 자신을 단련하라

> "
> 사(賜)는 현명한가 보구나. 나는 내 공부도 벅차서 그럴 여유가 없구나.
>
> **공자**
> "

이 구절은 자공이 사람들을 서로 견주어 말하자, 공자가 일러준 대목이다. 여기서 '사'는 자공의 이름을 가리킨다. 언변이 뛰어나고 재물 다루는 데에도 능했던 자공은 사람을 비교하거나 평가하는 데에도 익숙한 인물이었다. 오늘의 시선으로 본다면, 그 태도는 어쩌면 가벼운 뒷담화에 가까웠을지도 모른다.

공자는 남을 비교하며 우월감을 얻거나, 쉽게 판단하려는 마음이 결국 소인의 습관으로 기울 수 있음을 경계했다. 그래서 '스스로 닦기에도 시간이 모자란다'는 말로 자공을 타이르며, 시선을 밖이 아니라 안으로 돌리게 했다. 이는 꾸짖음이라기보다 재능 있는 제자가 자만으로 흐르지 않기를 바라는 스승의 조심스러운 배려였다. 공자는 자공의 능력을 믿었기에 그 능력이 바른 방향으로 쓰이기를 간절히 바랐다.

우리는 종종 남을 판단하는 데 많은 시간과 에너지를 쓴다. 하지만 그만큼의 힘은 어느새 내 자리에서 빠져나간다. 비교와 평가에 머무르기보다 그 관심을 자신에게 돌릴 때 성장은 깊어진다. 오늘 하루만큼은 '타인을 살피는 눈'보다 '나를 돌아보는 마음'에 조금 더 힘을 보태 보자. 그러면 삶이 가야 할 방향도, 한결 또렷하게 보일 것이다.

신뢰하되 방심하지 않는 지혜

> **"**
> 남이 나를 속이지 않을까 넘겨짚지 말고, 남이 나를 믿지 않을까 억측하지 말아야 한다. 그러면서도 그것을 미리 아는 사람이 현명한 사람이다.
>
> **공자**
> **"**

남이 나를 속일 것이라 미리 의심할 필요도, 나를 믿지 않을 것이라 앞서 짐작할 이유도 없다. 신뢰와 기만은 서두르지 않아도,

시간이 흐르면 드러나기 마련이다. 중요한 것은 처음부터 마음을 닫지 않고, 작은 징후라도 가볍게 흘려보내지 않는 태도다.

선입견 없이 사람을 대하면서도, 상황을 차분히 살필 줄 아는 눈을 갖추는 것이 중요하다. 공자가 말하고자 한 바도 경계부터 앞세우지 말고 열린 마음으로 관계를 시작하되, 분별을 놓치지 말라는 뜻이다.

양시楊時는 이 구절을 이렇게 풀이했다. "군자는 그저 성실함을 지키는 사람이다. 성실함 속에는 밝음이 깃들어 있어, 남이 나를 속일까 염려하지 않아도, 남이 나를 믿지 않을까 걱정하지 않아도 자연히 느끼고 알아차릴 수 있다." 다만 그는 한 걸음 더 나아가 말한다. 아무 의심도, 아무 짐작도 하지 않다가 끝내 소인에게 속는다면, 그것 또한 군자로서 온전하다고 할 수는 없다고. 성실함에는 따뜻함뿐 아니라 깨어 있는 인식이 함께해야 한다는 뜻이다.

타인을 의심하는 마음은 관계를 점점 좁히고, 결국 자기 마음까지 불안하게 만든다. 반면, 열린 마음과 분별력을 함께 가지면, 불필요한 감정 소모가 줄어든다.

관용과 단호함의 경계

어떤 사람 "덕으로 원한을 갚으면 어떻겠습니까?"

공자 "그렇다면 덕은 무엇으로 갚을 것인가? 원한은 공정으로 갚고, 덕은 덕으로 갚아야 한다."

'덕으로 원한을 갚는다'는 생각은 노자와 장자가 말한 도가적 관점이라 할 수 있다. 그러나 공자는 덕과 원한을 동일하게 대한다면, 덕과 원한이라는 두 범주를 굳이 나눌 이유가 없어지며 오히려 형평성을 해칠 수 있다고 보았다. 덕은 덕으로 갚아야 하고, 잘못은 공정하게 바로잡아야 하며, 원한을 덕으로 덮어버리는 것도, 감정에 휘둘려 지나친 보복을 하는 것도 올바른 길이 아니라는 뜻이다. 그래서 공자는 잘못 앞에서는 사심 없이 그릇된 부분을 정리하고, 선의에는 선의로 응답해야 한다고 말한다.

감정에 기대어 이루어지는 보복은 관계를 쉽게 무너뜨리고, 기준 없는 관용은 결국 자신을 소모시킨다. 공자의 가르침은 냉정함을 요구하는 엄격함이라기보다 '감정은 절제하되 기준은 분명히 하라'는 삶의 태도를 말한다. 잘못은 공정하게 바로잡고, 선의에는 진심으로 응답할 때, 인간관계는 불필요한 상처를 줄이며 더 건강하게 이어질 수 있다.

내가 나를 알아주는 공부

공자 "나를 알아주는 사람이 없구나."

자공 "어찌하여 그런 말씀을 하십니까?"

공자 "나는 하늘을 원망하지도 않고 남을 탓하지도 않는다. 아래로부터 배워 위로 통달하였으니, 나를 알아주는 것은 오직 하늘뿐이다."

공자는 평생 배우고 익히며 천리天理에 한 걸음씩 가까이 다가가고자 했던 사람이었다. 그래서 좋은 시운을 얻지 못했다고 하늘을 원망하지 않았고, 세상과 뜻이 맞지 않는다고 남을 탓하지도 않았다. 인간의 일을 가장 낮은 자리에서부터 차근차근 익히고, 그 속에 담긴 이치를 위로 넓혀 마침내 천리에 이르고자 했다. 배움이란 현실을 외면한 관념이 아니라 삶의 자리에서 출발해 하늘의 이치로 나아가는 길이라는 믿음이 있었다.

정자程子는 이 구절을 두고 이렇게 풀이했다. "배우는 사람은 반드시 하학상달下學上達의 가르침을 지켜야 한다. 이것이 학문의 핵심이다. 아래에서 인간의 일을 배우면 자연스레 위로 천리에 통하게 된다. 그러나 일만 익히고 이치를 살피지 않으면, 더 높은 곳으로 나아갈 수 없다." 배움은 손에 익은 기술에서 멈추지 않고, 그 너머의 의미와 질서를 함께 살필 때 깊어진다는 뜻이다.

자신을 가장 깊이 이해하게 해 주는 것은 타인의 평가가 아니라, 배움을 거듭하며 내면에 차곡차곡 쌓아온 성취다.

삶을 가볍게 건너는 법

> "
> 그렇구나. 그렇게 산다면 어려울 것이 없겠구나.
> **공자**
> "

공자가 위나라에 머물고 있을 때의 일이다. 어느 날 공자가 경쇠를 치고 있자, 삼태기를 멘 한 사람이 그의 숙소 앞을 지나며 "경쇠 소리를 들으니 세상을 걱정하고 있군." 하고 말했다. 그리고 한참 귀를 기울이더니 다시 이렇게 중얼거렸다. "애착이 너무 강하구려. 자신을 알아주는 이가 없다는 것을 깨달았다면, 나처럼 몸을 숨기면 될 일 아닌가. 물이 깊으면 옷을 벗고 건너고, 얕으면 그대로 건너면 되는 것 아니오." 이 이야기가 전해지자 공자는 생각을 가다듬어 "그렇구나. 그렇게 산다면 어려울 것이 없겠구나."라고 말했다고 전해진다.

　경쇠는 돌이나 옥으로 만든 타악기로 이를 두드리던 공자의 모습을 본 나그네는 세상에서 뜻을 펼치기 위해 애쓰는 공자가 안쓰럽게 보였던 것이다. 그래서 그는 세상의 흐름에 맞추어 융통성 있게 나아가되, 뜻이 통하지 않을 때는 조용히 물러서는 선택도 필요하다고 조언했다. 세상이 알아주지 않으면 잠시 거둬들이면 될 일이지, 왜 그토록 힘을 소모하느냐는 쓴소리였다.

　세상은 언제나 우리의 노력과 마음을 제때 알아주지 않는다. 누군가의 인정에 매달릴수록 마음은 더 쉽게 지친다. 그럴 때에는 잠시 걸음을 멈추고, 자신이 가고자 했던 길을 다시 살피는 지혜가 오히려 큰 힘이 된다. 물이 깊을 때는 옷을 벗고 건너고, 얕을 때는 그대로 걸어가듯 삶 역시 상황에 따라 태도를 조절할 줄 아는 유연함이 필요하다.

위영공衛靈公편

흔들리는 시대를 건너는 마음의 힘

영공은 위나라의 서른한 번째 임금이다. 춘추시대 말기로 접어들면서 제후국들은 이상보다 실리를 앞세우기 시작했고, 부국강병을 최우선 과제로 삼아 세력 확장에 몰두했다. 이런 시대적 흐름에서 지덕至德과 지선至善을 바탕으로 인도주의와 덕치德治를 강조한 공자의 사상은 권력자들에게 매력적으로 다가가기 어려웠다.

위영공편에는 바로 이 같은 현실에서 공자가 느꼈을 아쉬움과 답답함이 자연스럽게 드러난다. 세상이 이익 중심으로 돌아갈수록 공자의 태도는 현실과 동떨어진 이상처럼 보이기도 한다. 그러나 어느 한쪽으로 치우치면 균형은 무너지기 마련이고, 정치는 그 영향을 더욱 크게 받는다. 권력과 이익만을 좇는 정치에서 사회는 쉽게 불안정해지며, 그 중심을 다시 세우는 힘은 결국 덕에서 비롯된다.

이런 맥락에서 공자의 가르침은 막연한 이상주의로 치부하기는 어렵다. 오히려 그는 흐트러진 질서와 균형을 회복하려는 근본적인 통찰을 제시하고 있다. 그의 사상에는 시대를 넘어 오늘까지 이어지는 정치와 삶의 원리가 깃들어 있다고 할 수 있다.

위기 속에서도
무너지지 않는다

어려울수록 지켜야 할 한 가지

자로 "군자가 이처럼 곤궁해도 되는 것입니까?"

공자 "군자는 곤궁함이 무엇인지 알고 견딜 수 있지만, 소인
은 곤궁하면 제멋대로 한다."

영공이 공자에게 전쟁의 진법陣法을 묻자, 공자는 "제사를 지내는
일이라면 들은 바가 있으나 군사 일은 배운 적이 없습니다."라고
대답했다. 그리고 바로 다음 날 위나라를 떠났다.

이와 비슷한 일이 공자 일행이 진나라에 머물던 때에도 있었다.
양식은 바닥나고, 제자들마저 병으로 쓰러져 움직이지 못하는 곤
궁한 상황이 이어졌다. 답답함을 견디지 못한 자로가 스승께 묻
자, 공자는 앞서와 같은 말을 들려주며 마음을 다잡게 했다. 어려

움 속에서도 자신이 설 수 없는 자리에 오래 머무르지 않겠다는 뜻
이었다.

'진법'은 군사 작전에 관한 일이며, 영공의 질문에는 전쟁을 염두
에 둔 의도가 담겨 있었다. 공자는 그 순간, 더 이상 함께할 수 없다
고 판단했다. 뜻이 어긋난 길에 머무는 것은 자신뿐 아니라 제자들
까지 위험에 빠뜨릴 수 있다고 보았기 때문이다. 그래서 위나라를
떠나는 선택을 했고, 그것이 자신과 제자들을 지키는 길이라 여겼
다. 혼란한 시대에는 군자라 하여 늘 평탄한 길만을 걷는 것은 아
니다. 그러나 처지가 곤궁해졌다고 해서 마음이 흐트러지거나 행
동이 거칠어져서는 안 된다는 점을 공자는 몸소 보여주었다. 결국
며칠 뒤 초나라 소왕昭王이 물자와 원병을 보내와 공자 일행은 가까
스로 위기를 넘길 수 있었다.

이 구절에는 뜻이 맞지 않을 때 미련 없이 물러날 줄 아는 지혜
와 곤란 속에서도 태도를 잃지 않는 품격이 함께 담겨 있다. 어려
움은 종종 사람의 속마음을 드러내는 시험대가 된다. 누군가는 궁
핍함을 이유로 책임을 내려놓지만, 어떤 사람은 그러한 상황에서
도 자신이 지켜야 할 기준을 놓지 않는다. 위기를 피할 수 없다면,
적어도 태도만큼은 무너지지 않도록 다스리는 일이 먼저다. 꾸준
함과 절제는 당장의 어려움을 넘어서 이후의 길을 다시 열어주는
힘이 된다.

출세보다 먼저 갖춰야 할 것들

> 말이 진실하고 믿음이 있으며, 행동이 독실하고 공경
> 스러우면 비록 오랑캐의 땅에 있더라도 뜻을 펼칠 수
> 있다. 그러나 말이 진실하지 못하고 믿음이 없으며, 행
> 동이 독실하지 못하고 공경스럽지도 못하다면, 자기
> 고을에서조차 뜻을 펼칠 수 있겠는가?
> 수레에 서 있으면 말이 나란히 선 것이 보이고, 수레에
> 타고 있으면 멍에가 걸린 것이 보인다. 그렇게 분명히
> 보인 뒤에야 비로소 행할 수 있는 법이다.
>
> **공자**

자장이 "어떻게 하면 세상에서 뜻을 펼칠 수 있습니까?"라고 묻자 공자가 들려준 답이 이 구절이다. 말이 진실해야 한다는 것은 언행이 일치해야 한다는 뜻이고, 행동이 독실해야 한다는 것은 두텁고 정성스러운 태도를 지니라는 의미다. 큰 뜻은 먼 곳에서 이루어지는 것이 아니라, 내 몸과 마음에서 먼저 자리 잡아야 한다는 점을 공자는 강조했다. 그래서 덕목이 눈앞에 보이듯 분명해지고, 마음에 멍에처럼 단단히 걸릴 만큼 확고해져야 세상에서도 통할 수 있다고 말한 것이다.

자장은 총명하고 의욕이 컸으며, 벼슬에 뜻이 있어 빨리 출세하기를 바랐다. 공자는 이런 조급함을 염려해 "큰 뜻은 이렇게도 실천하기 어려운 것이다."라고 타일렀다. 자장은 훈계의 말을 잊지

않기 위해 예복의 허리띠에 새겨둘 만큼 배움에 열정적이었으니, 스승과 제자의 진심이 드러나는 일화라 할 수 있다.

이 구절은 동시대의 군자들조차 처세 방식과 마음가짐이 서로 다를 수 있음을 보여준다. 중요한 것은 속도를 앞세우는 것이 아니라, 뜻이 머물 자리를 먼저 내 안에 단단히 마련하는 일이다.

말이 깊이를 가지려면 행동이 그 무게를 뒷받침해야 한다. 진심 없는 말은 가까운 자리에서도 통하지 않지만, 언행이 일치하면 낯선 환경에서도 신뢰를 얻는다. 목표가 멀리 있다고 느껴질수록 오늘의 태도와 말투, 작은 행동 하나가 곧 자신의 '덕목'이라는 사실을 잊지 않는 것이 중요하다.

비우고, 멀리 보는 힘

> **❝**
> 멀리 내다보고 깊이 생각하지 않으면, 반드시 가까운 근심이 있게 된다.
>
> **공자**
> **❞**

나라의 일이든 개인의 일이든 언제나 먼 앞날을 내다보고 깊이 숙고한 뒤에 세부 계획을 세워야 한다. 눈앞의 이익에만 마음을 빼앗기면 시야는 점점 좁아지고, 그로 인해 근심이 쉬이 쌓인다. 생각이 멀리 뻗어가려면 마음에도 '소식小食'이 필요하다. 마음속 불필요한 것을 덜어내는 일은 쉽지 않지만, 비우지 못하면 근심이 금세 눈앞과 발아래까지 밀려드는 법이다. 마음을 가볍게 하고 장기적인 관점을 갖는 태도가 안정과 번영으로 이어진다.

계획은 미래의 불안을 줄이는 가장 효과적인 방식이다. 오늘의 선택을 조금만 더 멀리 내다보고 결정하면 불필요한 후회와 근심이 크게 줄어든다. 마음의 짐을 내려놓고 우선순위를 선명하게 세우는 일, 이 단순한 태도가 삶을 흔들림 없이 지탱해 주는 힘이 된다.

책임을 대하는 두 가지 기준

> **"**
> 자신에게는 엄하게 책임을 묻고, 남에게는 가볍게 책임을 묻는다면 원망을 멀리할 수 있다.
>
> **공자**
> **"**

자신의 잘못을 엄격하게 살피면 같은 실수를 반복하지 않게 되고, 남의 잘못을 가볍게 다루면 타인의 원망을 살 일이 줄어든다. 자신에게는 두텁게 책임을 물을수록 인격이 깊어지고, 남에게는 엄하게 요구하지 않을수록 더 많은 사람을 가까이 둘 수 있다. 이 구절은 자신의 잘못은 돌아보지 않으면서 남 탓만 하는 인간의 결점을 짚어낸 말이다.

오늘 나에게 정말 필요한 것은 타인의 실수를 들추는 일이 아니라, 내 행동을 한 번 더 돌아보는 태도일지 모른다. 먼저 자신을 비추어볼 줄 아는 사람은 관계에서도, 삶에서도 쉽게 흔들리지 않는다.

내가 넓히는 만큼 '도'도 확장된다

> 사람이 도를 넓히는 것이지, 도가 사람을 넓히는 것이
> 아니다.
>
> **공자**

'도'는 인간을 위해 존재하지만, 스스로 노력하지 않는다면 그 도는 저절로 형성되지 않는다. 천하에 도가 자리 잡기 위해서는 사람이 그것을 갈고닦고 실천해야 하며, 아무리 훌륭한 가르침과 길이 앞에 놓여 있다 하더라도 깨닫고자 하는 마음과 실천 의지가 없다면 의미를 얻기 어렵다. 도란 누군가에게 기대어 얻는 것이 아니라, 자신의 힘으로 확장해 가는 자기 수양의 길이라는 뜻이다.

송대의 장자張子는 이 구절을 이렇게 풀이했다. "사람의 마음은 성性의 본체를 탐구할 수 있으니 사람이 도를 넓힌다는 말이다. 그러나 성은 사람의 마음을 억누르거나 규정하지 못하니 도가 사람의 마음을 넓힐 수는 없다." 곧, 마음이 주체이고 도는 그 마음이 다져가는 결과라는 뜻이다.

삶의 깊이와 방향도 이와 다르지 않다. 환경이 대신 길을 정해주지 않고, 가르침이 자동으로 우리를 변화시키지도 않는다. 같은 책을 읽고 같은 조언을 들어도 어떤 사람은 성장하고, 어떤 사람은

그대로 머무는 이유가 여기에 있다. 오늘 내가 선택하고 실천하는 방식이 곧 '나만의 도'를 넓혀가는 과정이다. 도는 발견되는 것이 아니라 만들어가는 것이며, 삶의 수준은 스스로 확장한 '나의 도'의 크기만큼 깊어진다.

실행 없는 계획은 아무 의미가 없다

> **"**
> 내가 하루 종일 먹지 않고 밤새도록 잠을 이루지 못한 채 생각에 잠겨 보았으나 아무런 이익이 없었다. 글을 읽고 실천을 통해 배우는 것만 못하다.
>
> **공자**
> **"**

이 구절은 하루 종일 상상만 하면서 실제로 배우려는 노력을 기울이지 않는 이들을 향한 공자의 날카로운 일침이다. 학문의 토대 없이 머릿속에서만 굴리는 사색은 공허한 생각 놀이에 그칠 뿐이다. 차라리 그 시간에 한 글자라도 더 읽고, 배운 내용을 되새기며 실천하는 편이 훨씬 유익하다는 뜻이다.

공부란 배움을 향해 나아가는 길이며, 그 길은 앞서간 이들의 경험과 지혜를 겸허히 익히는 데서 시작된다. 그리고 책에서 얻은 통찰을 현실의 행동으로 옮길 때, 배움은 실제 힘이 된다. 공자가 말한 군자의 길도 깨달음과 실천이 맞물리는 지점에서 깊어지는 것이다.

따라서 생각만으로는 인생이 달라지지 않는다. 계획만 세우고 실행하지 않으면 아무 일도 일어나지 않는 것처럼, 지식이 삶을 바꾸려면 행동이 뒤따라야 한다. 오늘의 작은 실천이 내일의 변화를 만들어낸다.

리더의 눈,
함께 길을 만드는 역량

좋은 리더는 흐름을 만든다

> 66
>
> 아무것도 하지 않고 나라를 다스린 사람은 순임금이
> 다. 그가 무엇을 했던가? 그저 공손한 태도로 임금의
> 자리에 앉아 있기만 했다.
>
> **공자**
>
> 99

이 구절은 흔히 말하는 '아무것도 하지 않는 노력'에 대해 이야기
한다. 순임금이 공손히 자리에 앉아 있었다는 것은 그저 가만히 있
었다는 뜻이 아니다. 이는 남면南面, 곧 임금이 마땅히 서야 할 자리
를 올곧게 지키고 있었다는 의미다. 공자가 말한 '무위無爲' 역시 아
무 일도 하지 않는 소극적 태도를 가리키지 않는다. 오히려 현명한
인재를 알아보고, 알맞은 자리에 배치함으로써 일이 스스로 굴러

가게 만드는 적극적인 선택이라 할 수 있다. 인위人爲를 덜어낸 무위無爲,다시 말해 불필요한 개입을 줄인 통치의 방식이다. 순임금이 나라를 안정적으로 다스릴 수 있었던 것도, 모든 것을 직접 쥐려 하지 않고 사람과 제도를 믿었기 때문이다.

겉으로 보기에 '아무것도 하지 않는 것처럼 보이는 능력'은 사실 오랜 준비와 깊은 분별에서 비롯된다. 모든 일을 직접 챙기기보다 맡길 사람에게 맡기고, 흐름이 막히지 않도록 제도를 세워 두면 일은 자연스럽게 움직인다. 덜 움직였지만 더 큰 결과를 만들어내는 사람들에게는 공통점이 있다. 자신이 서 있어야 할 자리를 정확히 알고, 그 자리를 끝까지 지켜내는 힘이다.

지혜로운 소통의 조건

> 함께 말할 만한데도 말하지 않으면 사람을 잃고, 함께 말할 만하지 않은데도 말하면 말을 잃는다. 지혜로운 사람은 사람도 잃지 않고, 말도 잃지 않는다.
>
> **공자**

말은 사람과 사람을 이어 주는 다리와 같다. 하지만 다리라고 해서 아무 곳에나 놓아도 되는 것은 아니다. 아무 말이나 건네거나, 누구에게나 가볍게 말을 섞는다면 그 다리는 오히려 관계를 위태롭게 만든다. 타일러서 바로잡을 수 있는 사람에게 필요한 말을 아끼는 것은 그를 잘못된 길로 내버려두는 일과 다르지 않다. 반대로 아무리 조언해도 귀 기울이지 않는 사람에게 말을 거듭하면, 말의 무게는 가벼워지고 신뢰마저 없어진다.

그래서 지혜로운 사람은 말의 내용보다 먼저 대상을 살핀다. 어떤 이와 마음을 열고 소통해야 하는지, 어떤 이와 적절한 거리를 두는 편이 나은지 분별할 줄 안다. 더 나아가 말할 만한 사람과는 진심으로 교류하며, 서로의 가능성을 북돋우고 그 힘을 시너지로 엮어낸다. 그럴 때 말은 단순한 전달을 넘어 함께 성장하는 힘이 된다.

말은 적재적소에 놓일 때 제 역할을 한다. 조언이 닿지 않는 곳에 애써 에너지를 쏟기보다 함께 나아갈 수 있는 사람과 깊이 있는 대화를 나누는 편이 훨씬 생산적이다. 나의 말이 제자리를 찾게 하려면, 무엇을 말할지보다 언제 말하고 언제 침묵할지를 아는 지혜가 먼저 필요하다.

좋은 관계가 '인'의 토양이 된다

자공 "인을 행한다는 것은 무엇입니까?"

공자 "장인이 일을 잘하려면 반드시 연장을 먼저 준비하고 다듬는다. 어느 나라에 있든지 현명한 이를 섬기고, 어진 사람과 벗해야 한다."

이 구절은 가치 있는 삶이 어떤 조건 위에서 가능해지는지를 말해 준다. '인仁'을 실천하려면 먼저 현자를 스승으로 삼고, 덕 있는 사람과 벗할 수 있는 환경을 갖추어야 한다는 뜻이다. 이는 장인이 작업에 앞서 연장을 손질하고 차분히 준비하는 과정과도 같다. 인을 살아낸다는 것은 마음만으로 되는 일이 아니라, 그에 걸맞은 여건과 태도가 먼저 마련되어야 한다는 의미다. 기회는 늘 준비된 사람에게 손을 내민다. 준비가 부족해 눈앞의 기회를 놓친다면, 그보다 더 아쉬운 일도 없을 것이다. 공자가 덕 있는 사람을 가까이하라고 거듭 말한 이유도 여기에 있다. 좋은 사람 곁에 머무는 것만으로도 인격은 자연스럽게 다듬어지기 때문이다.

좋은 사람이 곁에 있으면, 나 역시 조금씩 더 나은 방향으로 변해 간다. 환경은 때로 개인의 의지보다 더 강한 힘을 발휘한다. 인을 실천하는 길 역시 거창한 결심에서 시작되기보다 누구와 함께 시간을 보내고 어떤 스승의 말을 곁에 두느냐에서 출발한다.

언변도 외모도 아닌, '전체'를 보는 눈

> **"**
> 군자는 말만 듣고 사람을 등용하지 않으며, 사람만 보고 말까지 버리지 않는다.
>
> **공자**
> **"**

254

사람을 언변이나 겉모습만으로 판단해서는 안 된다는 뜻이다. 누군가를 등용할 때도 말만 듣고 결정해서는 안 되며, 겉으로는 하찮아 보일지라도 그 의견에 가치가 있다면 결코 소홀히 여겨서는 안 된다. 언변이 뛰어나다고 해서 반드시 훌륭한 사람이라 단정할 수 없고, 평범하거나 어리석어 보이는 사람도 깊이 고민하는 과정에서는 한 번쯤 뜻밖의 지혜를 드러낼 수 있다. 중요한 것은 사람의 말투나 외양이 아니라 옳고 그름을 가려 볼 수 있는 혜안이며, 편견 없이 다양한 의견을 듣고 그 가운데 취할 것을 고를 줄 아는 태도다.

오늘날 경험 많은 원로가 평가절하되는 것도 많은 이가 스스로 똑똑하다고 여기며 누구나 '선생 역할'을 하려 하기 때문일지 모른다. 하지만 어떤 사람도 전적으로 하찮거나 무용한 존재는 아니다. 저마다의 자리에서 길러온 장점과 통찰이 있기 마련이다. 성인이 미치광이의 말조차 가려서 들었다고 하는 것도 같은 맥락으로 이해할 수 있다. 속단하지 않고 귀 기울이는 태도야말로 군자의 마음가짐이라는 뜻이다.

배경도 능력도 서로 다른 사람들의 의견에 귀를 열어두면, 예상하지 못한 해결책이나 새로운 시각이 떠오르기도 한다. 편견 없이 타인을 대하려는 마음가짐이 시야를 넓히고 더 나은 선택으로 끌어주는 기반이 된다.

관계를 바꾸는 단 하나의 원칙

자공 "한마디 말로 평생토록 귀감이 될 가르침이 있습니까?"

공자 "그것이 바로 '서恕'이다. 자기가 원하지 않는 일은 남에게도 하여서는 안 된다."

'서'는 본래 헤아리고 이해한다는 뜻을 지닌 말이다. 여기서는 다른 사람의 자리에 서서 생각하고, 그 마음을 살핀 뒤에 행동하라는 의미로 쓰였다. 내가 원하지 않는 일을 남에게 하지 않는 데서 그치지 않고, 내가 바라는 선한 마음을 먼저 건네는 이타적 태도에 '서'의 핵심이 담겨 있다.

자신의 마음을 타인의 처지에 비추어 헤아릴 수 있다면, 베풂은 억지로 애써서가 아니라 자연스럽게 넓어진다. 공자가 서를 평생 실천하더라도 모자람이 없는 덕행으로 본 까닭도 여기에 있다. 더 나아가 서는 '충'과 함께 공자가 말한 '인'의 중심을 이루는 덕목이었기에 더욱 중요하게 강조되었다.

오늘의 삶에 비추어 보면, 서는 모든 인간관계의 기본이 되는 태도이자 기술이다. 상대의 감정과 입장을 조금만 앞서 헤아릴 줄 아는 사람은 신뢰를 쌓고, 불필요한 갈등을 줄이며, 더 깊은 협력을 끌어낸다. 사소해 보이는 배려가 관계를 바꾸고, 한 번의 이해가 오래가는 신뢰로 이어지기도 한다.

이처럼 '서'는 단순히 기억해 둘 문장이 아니라 삶 전반에 적용할 수 있는 관계의 원칙이다. 내가 대접받고 싶은 방식으로 남을 대하는 태도야말로 공자가 말한 흔들리지 않는 삶의 기준이라 할 수 있다.

말은 담백하게, 감정은 단단하게

> "
>
> 교묘한 말은 덕을 어지럽히고, 작은 일을 참지 못하면 큰일을 그르친다.
>
> **공자**
>
> ”

이 구절은 사실을 분명히 바라보고, 감정을 바로 세우라는 가르침을 담고 있다. 말재주가 뛰어난 사람은 과장이나 모호한 표현으로 본질을 흐리는 경우가 적지 않다. 이런 까닭에 교묘하고 달콤한 말은 덕을 이루려는 사람에게 오히려 걸림돌이 된다. 부드럽고 매력적으로 들릴 수는 있어도, 사실을 왜곡하거나 판단을 흐리게 만들기 쉽기 때문이다. 아울러 사소한 분노나 작은 어려움조차 감당하지 못한다면, 더 큰 일이 닥쳤을 때 마음이 흔들려 일을 그르치기 쉽다. 작은 감정 하나를 통제하지 못하는 사람은 큰 책임과 위기를 버텨내기 어렵다는 뜻이다.

공자는 이러한 점에서 작은 것에 흔들려 큰 것을 놓치는 태도를 경계하라고 일깨운다. 자잘한 감정을 다스리는 힘은 큰 위기 앞에서도 중심을 지키게 하고, 사실을 흐리지 않는 언어 습관은 올바른 판단력을 떠받치는 바탕이 된다.

오늘의 현실에 비춰보면, 말의 정확성과 감정의 절제는 리더십의 출발점이라 할 수 있다. 진실하지 못한 말과 다스리지 못한 감정들이 신뢰와 성과를 허물 수 있다. 반면, 말을 담백하게 하고 감정을 다스릴 줄 아는 사람은 어떤 상황에서도 중심을 잃지 않고 큰일을 이뤄낼 수 있다.

겉 평가에 흔들리지 않는 군자의 눈

> **"**
> 뭇사람들이 미워하더라도 반드시 살펴보아야 하고,
> 뭇사람들이 좋아하더라도 반드시 살펴보아야 한다.
>
> **공자**
> **"**

이 말은 한마디로 남의 평판에 휘둘리지 말라는 뜻이다. 다수가 미워한다 해서 덩달아 미워해서는 안 되고, 다수가 좋아한다 해서 무조건 따라 좋아할 필요도 없다. 공자가 '반드시 살펴보아야 한다'고 한 것은 겉으로 드러나지 않은 이면에 문제가 있는지, 혹은 장점이 있는지를 스스로 확인해야 한다는 의미다. 특히 위정자라면 여론에만 기대어 판단할 수 없으므로 더욱 신중해야 한다. 백성들의 생각을 충분히 숙지하되, 스스로 확신이 설 때 결단해야 한다는 잠정적 평가는 참고자료일 뿐 판단의 근거가 될 수 없다.

다수가 말하는 평가가 때로는 편견이나 감정에서 비롯될 수 있기 때문이다. 사람을 볼 때도, 상황을 결정할 때도 '직접 확인하는 습관'이 가장 정확한 선택으로 이끈다. 오늘의 작은 판단 하나가 내일의 신뢰를 만든다는 점을 기억하며, 남의 말보다 나의 분별을 더 믿는 태도가 필요하다.

큰일을 맡길 수 있는 사람의 조건

> 군자는 작은 일에는 익숙하지 않을 수 있으나 큰일은 맡길 수 있고, 소인은 큰일은 맡길 수 없으나 작은 일은 능하다.
>
> **공자**

이 구절은 사람마다 지닌 소양의 깊이와 잠재력의 크기를 가늠하는 기준을 제시한다. 군자는 근본을 다지고 원칙을 세우는 데 힘을 쏟기에 사소한 일에서는 다소 서툴러 보일 수 있다. 그러나 큰 흐름을 읽고 전체를 조율하는 능력, 곧 큰일을 맡길 만한 기개와 통찰을 갖추고 있다. 반면, 소인은 눈앞의 일에 익숙하고 손재주가 있을지는 몰라도, 넓은 시야를 요구하는 역할에는 어울리지 않는다.

이 때문에 공자는 사람을 평가할 때 단편적인 능력만으로 군자와 소인을 가르려 해서는 안 된다고 말한다. 작은 일에서의 능숙함은 쉽게 눈에 띄지만, 큰일을 맡겨 보아야 그 사람의 진정한 역량과 그릇이 드러난다.

오늘의 관점에서도 이 가르침은 중요한 통찰을 전한다. 사람을 채용하거나 협업의 파트너를 고를 때는 당장의 실무 능력뿐 아니라 문제를 구조적으로 바라보는 힘, 위기에서 방향을 제시하는 힘, 원칙을 지키며 팀을 이끄는 힘을 함께 살펴야 한다. 작은 일만 잘하는 사람보다 시간이 흐를수록 판을 키우고 책임을 넓혀가는 사람이 큰일을 이룬다.

계씨季氏편

욕심을 비우면 삶이 바른 자리를 찾는다

계씨편은 노나라의 실권자였던 계씨가 전유顓臾를 정벌하려 한 사건을 중심으로 전개된다. 당시 계씨 문중의 수장이던 계강자는 노나라 임금 애공보다 더 큰 권세를 쥐고 있었다. 전유는 노나라보다 먼저 존재했던 작은 나라로 복희씨의 제사를 받들기 위해 세워졌으며 이미 노나라의 신하국으로 편입된 상태였다. 이런 상황에서 계씨가 이를 사적인 영지로 삼으려 전쟁을 일으키려 한 점을 공자는 중대한 문제로 보았다.

이 과정에서 계씨 집안의 가신이었던 염유와 자로가 이를 막지 못한 책임도 함께 거론된다. 공자는 두 제자에게 책임을 묻고, 군자가 지켜야 할 도리와 삼가야 할 규범을 함께 짚는다. 잘못된 판단 앞에서 침묵하는 태도 역시 책임에서 자유로울 수 없다는 뜻이 담겨 있다.

계씨편은 문장이 길고 발언자의 이름이 분명하지 않은 구절이 많아서 『논어』의 여러 판본 가운데 제론齊論(제나라 지역에서 전승된 논어)에 속한다는 견해가 널리 받아들여진다. 그러나 문장의 형식과는 별개로 계씨편은 권력의 크기가 아니라, 그 권력을 어떻게 절제하느냐가 삶과 정치의 바른 자리를 가늠하는 기준임을 일깨운다.

나를 지키는
분별의 힘

'정직, 신의, 견문' 벗의 세 가지 자산

> "
>
> 사귀어서 이로운 벗이 셋이 있고, 해로운 벗이 셋이 있
> 다. 정직한 사람을 벗하고, 신의가 있는 사람을 벗하
> 며, 견문이 많은 사람과 벗하면 이롭다. 위선적인 사람
> 을 벗하고, 아첨하는 사람을 벗하며, 말만 앞세우는 사
> 람을 벗하면 해롭다.
>
> **공자**
>
> "

벗이 나에게 이로움을 주는지, 해를 끼치는지는 그 사람이 지닌
성품과 습성에서 비롯된다. 정직한 이는 말과 행동이 어긋나지 않
아 믿을 수 있고, 신의가 있는 이는 관계를 오래도록 지탱할 힘을
갖고 있다. 견문이 넓은 사람은 나의 시야를 넓혀주는 든든한 자산

이 된다. 반면, 위선적인 사람은 본심을 감추고, 아첨하는 사람은 진실보다 이익을 앞세우며, 말만 번드르르한 사람은 책임을 피해 가기 쉽다. 이런 이들과의 관계는 주변 사람들까지 지치게 만들기 마련이다.

예로부터, 천자에서 서인에 이르기까지 누구에게나 벗은 필요했지만, 어떤 벗을 곁에 두느냐에 따라 삶의 방향이 달라진다는 사실만큼은 변함이 없다. 오늘날에도 형편이 좋을 때는 함께 밥을 먹고 술을 나누는 사람이 많지만, 막상 어려움이 닥치면 손을 내미는 친구가 드물다. 그래서 '진정한 친구 한 명이면 충분하다'는 말이 있다.

중요한 것은 내가 어떤 친구를 만나느냐보다, 내가 어떤 친구로 살아가고 있는가이다. 깊고 향기로운 우정을 바란다면, 먼저 내가 누군가에게 그런 벗이 되어야 한다. 정직함과 신의, 세상을 넓히려는 태도를 지닌 사람은 자연스럽게 비슷한 사람을 불러들인다.

우정을 가르는 여섯 가지 기준

> 이로운 즐거움이 셋이 있고, 해로운 즐거움이 셋이 있다. 예악으로 절제하기를 좋아하고, 남의 착한 면을 말하기 좋아하며, 현명한 친구가 많은 것을 좋아하면 이롭다. 제멋대로 노는 것을 즐기고, 방탕하게 돌아다니기를 즐기며, 술 마시고 노는 것을 즐기면 해롭다.
>
> **공자**

공자는 즐거움 또한 그 성격에 따라 삶을 이롭게 할 수도, 해롭게 할 수도 있다고 보았다. 건전한 즐거움은 정신을 맑게 하고 인격을 단단히 다져주지만, 해로운 즐거움은 감정을 흐리게 하며 삶의 균형을 흔든다. 예악을 통해 스스로 절제하려는 태도, 남의 장점을 기꺼이 말하려는 마음, 지혜로운 벗들과의 교류는 사람을 성숙하게 하는 즐거움에 속한다. 반면, 목적 없이 방탕하게 즐기고 자극만을 좇으며 술과 유흥에 마음을 빼앗기면, 끝내 자신을 소모하는 즐거움으로 기운다.

누구나 좋아하는 것을 즐기는 일은 어렵지 않다. 관건은 어떤 즐거움을 쌓아가고, 어떤 즐거움을 내려놓을지에 있다. 유익한 즐거움은 가까이할수록 삶을 한층 풍요롭게 만들지만, 해로운 즐거움은 깊이 빠질수록 벗어나기 어렵다. 그래서 공자는 즐거움마저 절제와 수양의 관점에서 살피라고 일러주었다.

한편, 서양에서도 '메멘토 모리Memento Mori 죽음을 기억하라', '카르페 디엠Carpe Diem 지금 이 순간을 붙잡아라', '아모르 파티Amor Fati 운명을 사랑하라'라는 말로 삶을 대하는 태도를 되새긴다.

삶은 유한하니 현재를 즐기고, 주어진 운명을 긍정하라는 태도이다. 그러나 이 두 관점은 모순되지 않는다. 중요한 것은 어떤 즐거움이 나를 더 좋은 삶으로 이끄는가를 분별하는 일이다. 순간의 쾌락에 빠지지 않으면서도 삶의 기쁨을 온전히 누리는 것, 그 사이의 균형, 즉 중용의 묘가 필요하다.

윗사람을 모실 때 세 가지 실수

> ❝ ───────────────────────
>
> 군자를 모실 때 저지르기 쉬운 잘못이 세 가지 있다. 말을 하지 않아야 할 때 말하는 것은 조급함이고, 말을 해야 할 때 말하지 않는 것은 숨기는 것이며, 안색을 살피지 않고 말하는 것은 눈치가 없는 것이다.
>
> **공자**
>
> ❞ ───────────────────────

예나 지금이나 군자, 곧 인격과 품위가 뛰어난 사람은 자연스럽게 존중을 갖추어 대해야 할 대상이다. 그래서 아무리 강직한 사람이라 하더라도 때와 상황을 헤아리지 않은 직설로 윗사람의 허물을 드러내는 태도는 바람직하지 않다. 누구나 듣기 불편한 말만을 선뜻 받아들이고 싶어 하지는 않기 때문이다.

공자는 윗사람을 모실 때 흔히 범하기 쉬운 실수를 구체적으로 짚는다. 불필요한 때에 말을 쏟아내는 것은 조급함에서 나오고, 말해야 할 순간에 입을 다물어버리는 태도는 숨김과 회피로 이어진다. 상대의 표정과 분위기를 살피지 않은 채 말하는 일은 배려 없는 무신경함을 드러낸다.

이 가르침은 상하관계에만 머물지 않는다. 오늘날의 조직과 인간관계에서도 상대의 마음과 말의 타이밍, 자리를 읽어내는 감각은 중요한 능력으로 작용한다. 상황을 제대로 파악하지 못하면 좋은 말도 오해를 낳고, 필요한 말도 제때 힘을 발휘하지 못한다. 공자가 강조한 바는 단순한 예절이 아니라, 상대와 상황을 먼저 읽는 지혜였다. 현대적인 표현으로 말하면 '관계 지능relationship intelligence'에 가깝다. 말의 내용만큼이나 언제, 어떻게, 어떤 표정으로 전하느냐가 사람을 살리고 관계를 깊게 만든다.

나이를 따라 달라지는 절제의 지혜

> "
>
> 군자는 경계할 것이 세 가지 있다. 젊었을 때는 혈기가 안정되지 않았으니 여색을 조심해야 하고, 장년이 되었을 때는 혈기가 굳건하니 남과 다투는 것을 조심해야 하며, 늙었을 때는 혈기가 쇠약해졌으니 욕심을 경계해야 한다.
>
> **공자**
>
> "

공자는 인간의 혈기血氣, 곧 신체적, 정신적 에너지가 나이에 따라 달라지며, 그 변화가 삶의 태도에 직접적인 영향을 미친다고 보았다. 젊은 시기에는 감정과 욕망이 쉽게 흔들리므로 욕정과 충동을 절제하는 힘이 필요하다. 장년에 이르면 힘이 붙고 판단이 강해지면서 경쟁심과 대립을 부추기는 기개가 두드러지기에 다툼을 조심해야 한다. 나이가 들수록 기력이 약해지며 무엇을 잃을까 두려워하는 마음과 가진 것을 움켜쥐려는 욕심이 커지기 쉬우니, 이 또한 경계의 대상이 된다.

혈기는 단순한 체력의 문제가 아니라 정신과 감정의 방향을 좌우하는 힘이다. 누구나 나이에 따라 몸과 마음의 상태가 변하고, 그에 따라 유혹의 성격과 마주해야 할 위험도 달라진다. 공자가 강조한 것은 이러한 변화에 휘둘리지 않고 흐름을 이해하며 스스로 절제하는 지혜였다.

오늘의 삶에 비추어 보아도 이는 중요한 자기관리의 원칙으로 읽힌다. 젊을 때는 충동을 제어하는 능력이 필요하고, 장년에는 감정을 단단히 다루는 힘이 요구되며, 노년에는 집착을 내려놓는 태도가 중요해진다. 각 시기마다 자신을 흔들 수 있는 약점을 정확히 알아야 그 시간을 깊게 살아갈 수 있다.

느려도 배우는 사람이 앞선다

> 태어나면서부터 아는 사람이 최상이고, 배워서 아는 사람은 그다음이며, 곤경에 처해서 배우는 사람은 그다음이다. 그러나 부족하면서도 배우지 않는 사람은 가장 아래이다.
>
> **공자**

성인은 태어날 때부터 이치를 꿰뚫어 보는 선각자일 수도 있지만, 대부분의 사람은 배움과 성찰을 거치며 조금씩 성장해 간다. 이미 알고 있는 사람은 반복을 통해 이해를 더 깊게 하고, 쉽게 이해하지 못하는 사람은 더 많은 노력을 기울여 어둠을 밝히듯 깨달음에 이른다는 뜻이다.

이에 대해 양시楊時는 이렇게 설명한다. "태어나면서 아는 생지生知, 배워서 아는 학지學知, 답답해 배우는 곤지困知는 기질은 다르지만, 도리에 이르면 하나로 통한다." 출발점은 서로 다르더라도, 배움을 통해 도리에 이르기만 한다면 같은 경지에 닿을 수 있다는 말이다. 중요한 것은 기질의 우열이 아니라 배우려는 태도다. 부족함을 느끼고도 배우지 않는다면 스스로 성장의 문을 닫는 셈이 된다. 반면, 이해가 더디고 과정이 어렵더라도 꾸준히 배워가려는 사람은 도리에 가까워지며 삶의 깊이를 넓혀간다.

오늘의 현실에서도 이 가르침은 유효하다. 학습의 속도보다 더 중요한 것은 배움을 포기하지 않는 마음이다. 타고난 재능이 없거나 시작이 늦었더라도, 답답한 순간을 견디며 계속 배워나가는 사람은 나아간다. 배움은 기질을 넘어서는 힘이며, 누구에게나 열려 있는 가장 확실한 성장의 길이다.

일상의 아홉 가지 자기관리 원칙

> **"**
>
> 군자는 아홉 가지를 늘 생각한다.
> 볼 때는 분명하게 볼 것을 생각하고, 들을 때는 똑똑하게 들을 것을 생각하며, 안색은 부드러울 것을 생각하고, 태도는 공손할 것을 생각하며, 말은 성실하게 할 것을 생각하고, 일은 신중하게 할 것을 생각하며, 의심이 날 때는 물을 것을 생각하고, 화가 날 때는 훗날의 어려움을 생각하며, 눈앞에 이득이 있을 때는 옳은가를 생각한다.
>
> **공자**
>
> **"**

사람이 바른길로 나아가게 하는 힘은 바른 마음에서 나온다. 마음은 몸과 삶을 다스리는 주인이기에 마음이 흐트러지면 행동도 쉽게 무너진다. 다만 완전한 인간은 없다. 그래서 프랑스 작가 빅토르 위고는 "잘못을 최대한 줄이는 것은 사람이 지켜야 할 도리이며, 잘못을 전혀 저지르지 않는 것은 천사의 꿈이다."라고 말했다. 인간에게 필요한 것은 완벽함이 아니라, 잘못을 줄이고 다시 바로 서려는 자세다. 공자가 제시한 아홉 가지 마음가짐은 일상의 모든 장면에서 스스로 바르게 세우기 위한 지침이다.

볼 때는 왜곡 없이 보고, 들을 때는 선입견 없이 듣는다. 표정은 온화하게 하고 태도는 공손하게 하며, 말은 성실하게 하고 일은 신중하게 처리한다. 의심이 생기면 주저하지 말고 묻고, 화가 날 때는 그 행동이 훗날 어떤 어려움을 부를지 먼저 헤아린다. 눈앞의 이익이 보일 때는 옳고 그름의 기준을 앞세운다.

이 아홉 가지는 군자에게만 요구되는 덕목이 아니다. 오늘의 우리에게도 관계에서 신뢰를 쌓고 감정을 다스리며 스스로 성장시키는 핵심 습관으로 작용한다. 어디서나 신중히 행동하고 말 한마디도 성실하게 하며 즉각적인 감정보다 장기적인 결과를 우선한다.

양화陽貨편

때를 기다릴 줄 아는 삶

편명의 주인공으로 등장하는 양화는 모범과는 거리가 먼 인물이다. 그는 노나라 계씨 집안의 가신으로 있으면서 계환자를 유폐하고 권력을 제 뜻대로 휘둘렀던 사람으로 양호陽虎라고도 불렸다. 공자는 늘 현명한 임금을 찾아 바른 정치를 펼치고자 했으며, 양화처럼 무도한 인물에게는 마음을 둘 수 없었다. 그의 부름을 끝내 받아들이지 않았다는 일화가 전해지는 이유도 여기에 있다.

양화편에서는 공자가 말한 '참된 인'의 의미가 다시 강조된다. 인은 도덕성에서 비롯되는 것이지, 겉으로 꾸며낸 행동이나 번지르르한 말에서 생겨나는 것이 아님을 분명히 한다. 겉치레만 화려한 사람에게서는 어진 마음을 기대하기 어렵다는 가르침이 이 장면에서도 나타난다.

아울러 이 장에서는 공자가 생각한 바른 정치와 도덕적 삶의 기준이 여러 비유와 은유를 통해 제시된다. 표현이 다소 우회적이어서 쉽게 읽히지는 않을 수 있으나 찬찬히 곱씹을수록 깊은 뜻이 드러나는 구절이 많다는 점이 특징이다.

성품을 다듬는
자기 수양

성품은 만들어가는 것

> "
>
> 타고난 본성은 비슷하지만, 습관에 따라 서로 멀어진다.
> **공자**
>
> "

사람은 태어날 때 체질과 기질의 차이는 있을 수 있지만, 천명으로부터 받은 본래의 성性은 크게 다르지 않다. 누구나 비슷한 가능성과 바탕을 지니고 태어난다는 뜻이다. 다만 그 비슷한 본성은 각자가 어떤 환경에서 자라고, 어떤 습관을 들이며, 무엇을 배우고 누구와 어울리는가에 따라 전혀 다른 방향으로 나뉜다. 같은 본성을 지녔더라도 어떤 이는 선해지고, 어떤 이는 악해지며, 어떤 이는 현명해지고 또 어떤 이는 어리석어질 수 있다.

사람을 크게 바꾸는 요인은 타고난 성질이 아니라 일상의 습관이다. 매일 어떤 생각을 품고, 무엇을 선택하며, 어떤 행동을 반복하는지가 성품을 형성한다. 여기에 지식의 깊이와 경험의 폭, 주변 사람들의 영향이 더해지며 성향은 계속 다듬어지고 달라진다.

오늘의 관점에서 보자면, 기질은 주어진 것이지만 성품은 만들어가는 것이다. 나를 둘러싼 환경과 내가 선택한 습관, 함께하는 사람들은 삶의 방향을 좌우한다. 좋은 습관은 본성을 밝히고, 나쁜 습관은 본성을 흐린다. 바람직한 성품을 기르고자 한다면 환경을 정돈하고 습관을 세우며 함께할 사람을 신중히 고르는 일이 중요하다.

스스로 변할 준비가 되어 있는가

> 가장 지혜로운 사람과, 가장 어리석은 사람은 좀처럼 바뀌지 않는다.
>
> **공자**

지혜로운 사람은 의義와 도道를 분명히 알고 있기에 혼란스러운 상황에서도 마음이 쉽게 흔들리지 않는다. 어리석은 사람 곁에 함께 있더라도 자신의 기질이 흐려지지 않는다. 반면, 어리석은 사람은 바른 이치를 받아들일 준비가 되어 있지 않아 아무리 지혜로운 사람과 함께 지내도 쉽게 달라지지 않는다. 마음가짐이 굳게 닫혀 있어 교화가 어렵다는 뜻이다.

그래서 뛰어난 사람이라면 오만을 경계하고 누구에게나 열린 태도로 다가가야 하며, 스스로 어리석다고 느끼는 사람이라면 자신을 단단히 세우기 위해 반복적인 배움과 꾸준한 변화를 멈추지 말아야 한다. 변화하려는 뜻이 없다면 성인과 함께 생활하더라도 얻는 것은 많지 않다.

신분이 세습되던 시대에는 양반과 노비의 삶이 대물림되었는데, 이는 제도의 영향이 컸던 동시에 개인이 처지를 바꾸려는 기회와 의지가 제한된 사회적 환경과도 맞물려 있었다. 공자의 가르침은 바로 이 점을 짚는다.

환경이 어떠하든 스스로 바뀌려는 마음이 없다면 삶은 달라지지 않는다. 공자가 말한 '좀처럼 바뀌지 않는 두 부류'란 타고난 지혜나 어리석음이 아니라, 배우고 변하려는 의지가 있는지의 문제를 가리킨다. 훌륭한 스승과 좋은 환경이 있어도 변화하려는 마음이 없으면 사람은 제자리에 머문다. 반면, 작은 배움이라도 꾸준히 이어간다면 누구나 새로운 길을 열어갈 수 있다.

리더를 완성하는 다섯 가지 덕

자장 "인이란 무엇입니까?"

공자 "세상에서 다섯 가지를 행할 수 있으면 어질다고 할 수 있다. 공손함, 관대함, 성실함, 민첩함, 은혜로움이 그것이다. 공손하면 남을 업신여기지 않게 되고, 관대하면 많은 사람을 얻을 수 있으며, 성실하면 신뢰를 얻게 되고, 민첩하면 일을 성취할 수 있으며, 은혜로우면 사람들이 따르게 된다."

공자는 자장에게 큰 포부와 리더십의 뜻이 있음을 알아보고, 사람이 사람을 이끄는 근본을 '인'으로 설명해 주었다. 공손한 마음은 타인을 존중하게 만들어 쓸데없는 원한을 피하게 하고, 관대함은 넓은 포용으로 사람들의 마음을 열어준다. 성실함은 거짓 없이 행동하게 해 신뢰를 쌓게 하며, 민첩함은 일을 흐트러짐 없이 빠르고 정확하게 한다. 은혜로움은 타인을 배려하고 충심으로 대하게 하여 자연스럽게 사람들을 따르게 만든다.

이 다섯 가지 덕목은 자장이 특히 보완해야 할 부분이었기에 공자는 리더가 갖추어야 할 핵심 요건으로 하나하나 짚었다. 그 중심에는 분명한 메시지가 담겨 있다. 사람을 이끌고자 한다면 먼저 그들의 믿음을 얻어야 한다는 것이다.

오늘의 관점에서 보아도 이 다섯 가지는 그대로 의미를 가진다. 공손함은 존중으로, 관대함은 포용으로, 성실함은 신뢰로, 민첩함은 실행력으로, 은혜로움은 배려로 이어진다. 리더십의 성패를 가르는 것은 단순한 능력이 아니라 사람들이 기꺼이 따를 수 있는 인격과 덕성이다.

좋음과 폐단은 한 끗 차이다

공자 "자로야, 너는 여섯 가지의 미덕과 여섯 가지의 폐단이 있다는 말을 들어본 적이 있느냐?"

자로 "아직 들어보지 못했습니다."

공자 "어진 것을 좋아하면서 배우지 않으면 그 폐단은 어리석음에 빠지는 것이다. 지혜로운 것을 좋아하면서 배우지 않으면 그 폐단은 제멋대로 하는 것이다. 믿음을 좋아하면서 공부하지 않으면 그 폐단은 남을 해치는 것이다. 곧은 것을 좋아하면서 배우지 않으면 그 폐단은 남을 헐뜯게 되는 것이다. 용기를 좋아하면서 배우지 않으면 그 폐단은 만용에 빠지는 것이다. 강직함을 좋아하면서 배우지 않으면 그 폐단은 사납게 되는 것이다."

이 구절에서 말하는 육언六言 인仁, 지知, 신信, 직直, 용勇, 강剛은 군자가 갖추어야 할 핵심 덕목이다. 다만 공자가 강조한 점은 이러한 미덕이 저절로 완성되는 것이 아니라 반드시 배움의 기초 위에서만 올바르게 자리 잡는다는 사실이다.

배움이 부족하면 미덕은 쉽게 본뜻을 잃고 어리석음이나 독단, 맹신, 비난, 만용, 사나움 같은 폐단으로 기울기 쉽다. 이런 왜곡을 끊고 바른 덕목으로 살아가기 위해서는 학문과 수양을 통해 깨달음을 넓혀가는 노력이 필요하다. 공자는 사람이 스스로 소중히 여기는 가치를 참되게 키우려면, 좋아한다는 마음만으로는 부족하며 이를 떠받칠 지식과 지혜가 함께 따라야 한다고 말한다.

좋은 성품도 배우지 않으면 방향을 잃기 쉽고, 훌륭한 의도도 지혜가 부족하면 오히려 해가 될 수 있다. 미덕을 삶 속에서 제대로 드러내고자 한다면 배움으로 다지고, 성찰로 다듬으며, 실천으로 완성해 가야 한다.

공자가 시를 읽으라 한 이유

> 너희들은 어찌하여 시詩를 배우지 않느냐? 시는 감정을 북돋아 주고, 주위를 세심하게 살피게 하며, 남들과 어울리게 하고, 잘못을 바로잡아 준다. 가까이는 부모를 섬기게 하고, 멀리는 임금을 섬기게 하며, 새와 짐승은 물론 풀이나 나무에 대해서도 많은 것을 알게 해 준다.
>
> **공자**

공자는 『시경』의 311편을 직접 편찬할 만큼 시를 좋아했다. 예나 지금이나 시를 공부하는 일은 정서를 기르고 마음의 깊이를 넓히는 데 큰 의미를 갖는다. 공자가 제자들에게 시를 읽으라고 거듭 권한 이유도 여기에 있다.

시는 마음에 울림을 일으켜 감정을 풍요롭게 하고, 사물을 바라보는 눈을 맑게 하며, 타인과의 관계를 부드럽게 만든다. 아울러 사리에 맞게 비판하는 힘을 길러주고, 가까이에서는 부모를 섬기는 효에서 멀리서는 임금을 섬기는 '충'에 이르기까지 올바른 윤리를 세우게 한다. 자연의 이치와 생태를 이해하도록 돕는 역할 또한 시가 지닌 가치다. 시를 읽는다는 것은 삶을 이해하고 자신을 표현하며 세상과 소통하는 법을 익히는 일이다.

오늘의 삶에서도 시는 여전히 귀한 인문서로 남아 있다. 바쁘다는 이유로 쉽게 멀어지기 쉬운 장르이지만, 짧은 한 편의 시는 마음을 가다듬고 감정을 정리하며 일상의 시야를 넓혀준다. 책상 위나 침대 머리맡에 시집 한 권을 두고 틈틈이 읽는 것만으로도 정서적 균형과 인간적 깊이를 쌓아갈 수 있다. 공자가 강조한 바는 단순한 문학 지식이 아니라, 마음을 단단히 하고 삶을 풍요롭게 가꾸는 배움의 방식으로서의 '시'였다.

예와 악의 뿌리는 마음의 태도다

> 66
>
> 예법이니 예가 어떻다느니 하지만, 그것이 옥이나 비단을 말하는 것이겠느냐? 음악이니 음률이 어떻다느니 하지만, 그것이 종과 북을 말하는 것이겠느냐?
>
> **공자**
>
> 99

고대에는 의례에 옥과 비단을 쓰고, 음악에는 종과 북을 사용했다. 그러나 공자는 사람들이 예악禮樂의 근본정신을 잊은 채 형식에만 매달리는 모습을 안타깝게 바라보며 이 말을 남겼다. 예법이란 옥이나 비단 같은 겉모습을 가리키는 것이 아니라, 진실한 마음이 밖으로 드러나는 것이어야 하며, 음악 또한 악기 소리의 화려함이 아니라 조화와 화합을 이루는 마음의 울림이어야 한다는 뜻이다.

공자가 짚은 요지는 분명하다. 예악의 중심은 형식이 아니라 마음에 있다. 예는 마음을 다스리는 통제이며, 악은 마음을 고르게 하는 감정의 질서다. 그런데 사람들은 본뜻보다 겉모습에 집착해 예를 값비싼 예물의 문제로, 음악을 악기의 문제로 좁혀 버렸다. 공자는 이러한 형식 위주의 태도가 예악이 지닌 본래의 힘을 약화시킨다고 보았다.

작은 틈이 성을 무너뜨린다

> 낯빛에는 위엄을 갖추면서 속마음이 다르다면, 그것은 작은 문을 뚫고 들어가는 도적과 같은 것이다.
>
> **공자**

이 구절은 겉과 속이 어긋난 태도를 경계하라는 공자의 가르침이다. 겉모습만 그럴듯하게 꾸미고 마음은 따로 움직이는 사람은 표면에서는 선해 보일지라도 속은 다르지 않다. 위엄 있는 표정과 말투로 자신을 포장하더라도 내면이 바르지 않다면, 그 모든 겉치레는 오래 버티지 못한다.

공자는 이러한 이중성을 작은 문으로 숨어들어 성을 무너뜨리는 도적에 비유했다. 성벽이 아무리 높고 견고해 보여도, 작은 틈 하나를 방치하면 도적이 드나들며 성 전체를 위태롭게 만든다. 겉모습이라는 성벽이 잘 갖춰져 있어도 마음이라는 작은 문이 바로 서지 않으면, 본모습은 드러나고 스스로 해치게 된다. 그래서 표정보다 마음을 먼저 다스려야 한다. 마음이 바르면 표정과 태도는 자연스럽게 정돈되고, 마음이 어긋나면 어떤 꾸밈도 오래 숨겨주지 못한다.

자리 욕심이 사람을 무너뜨린다

> 비속한 사람과는 함께 군주를 섬길 수 없다. 자리를 얻지 못했을 때는 얻지 못할까 걱정하고, 이미 얻었을 때는 잃지 않으려고 걱정한다. 잃지 않으려는 걱정에 사로잡히면 못할 짓이 없게 된다.
>
> **공자**

여기서 말하는 '비속한 사람'은 소인 가운데서도 가장 하등한 부류를 가리킨다. 이들은 늘 자기 이익과 명예욕이 앞서기 때문에 어떤 방법을 써서라도 높은 자리를 차지하려 하고, 자리를 얻은 뒤에는 그것을 지키려다 수단과 방법을 가리지 않게 된다. 공자가 이런 사람과는 함께 정사를 논할 수 없다고 단언한 이유도 여기에 있다.

호인胡寅은 이 구절을 이렇게 풀이했다. "선비의 등급에는 세 가지가 있다. 도덕에 뜻을 둔 사람은 공명으로도 그 마음을 얽맬 수 없고, 공명에 뜻을 둔 사람은 부귀로도 그 마음을 속박할 수 없다. 그러나 부귀에만 뜻을 둔 사람은 못 하는 짓이 없다." 이는 마음의 지향이 어디에 놓여 있는가에 따라 사람의 행실과 그릇이 분명하게 갈린다는 뜻이다.

자리를 얻기 위해 사는 사람은 자리에 매여 살게 된다. 직위와 직책, 명예가 삶의 목표가 되면 마음은 늘 불안해진다. 얻기 전에는 '어떻게 오를까'를 고민하고, 얻은 뒤에는 '어떻게 지킬까'만 생각하게 된다.

군자의 기준과
시대를 읽는 안목

흔들리는 시대에 흔들리지 않는 법

> **"**
>
> 옛날에는 백성들에게 세 가지 병폐가 있었는데 지금은 없어졌다. 옛날에 미친 사람은 제멋대로 하였는데 지금은 방탕하고, 옛날에 자신만만한 사람은 모가 났는데 지금은 화를 내며 사납다. 옛날에 어리석은 사람은 고지식하였는데 지금은 남을 속인다.
>
> **공자**
>
> **"**

공자는 이 구절을 통해 세상의 풍조가 점점 무너져가는 모습을 깊이 염려했다. 예전에도 병폐는 있었지만, 그 안에는 아직 순박함과 단순함이 남아 있어 바로잡을 여지가 있었다. 그러나 당대에 이르러서는 그 병폐가 한층 뒤틀린 모습으로 변해 쉽게 고치기 어려운 상태에 이르렀다고 본 것이다. 한때의 미혹함은 제멋대로 행동하는 정도에 그쳤지만, 이제는 방탕함으로 바뀌었고, 자신만만함은 모가 난 성질이었으나 폭력적이고 사나운 태도로 변했다. 어리석음 또한 고지식함에 머물렀던 과거와 달리 이제는 타인을 속이는 기만으로까지 번졌다는 뜻이다.

이는 세상이 혼탁해질수록 더 큰 덕성과 더 깊은 정직함을 갖추어야 한다는 가르침이다. 세태가 흐려질수록 남을 속이거나 감정을 거칠게 드러내기는 쉬워지지만, 바로 그때가 자신의 품성과 태도를 지켜내기 위해 가장 많은 노력이 필요한 순간이다.

협잡과 사기가 늘어나고, 불안과 경쟁이 일상이 된 사회 속에서 사람들은 순박함을 잃고 점점 더 날카롭고 이기적인 방향으로 흐르기 쉽다. 공자는 이런 시대일수록 옛사람들이 지녔던 순박함과 성실함, 바른 마음으로 돌아가야 한다고 일깨운다. 덕성은 시대가 흔들릴수록 그 가치가 더 또렷해지고, 정직함은 모두가 편법을 택하려 할 때 가장 선명하게 드러난다. 이 구절은 우리에게 이렇게 말을 건넨다.

"세상이 타락한다고 해서 함께 무너질 필요는 없다. 세상이 어두워질수록 자신의 마음을 더 단단히 다듬어라."

말보다 깊은 자연의 가르침

공자 "나는 말하고 싶지 않다."

자공 "스승님께서 말씀을 안 하시면, 저희들은 어떻게 배우고 후세에는 무엇을 전하겠습니까?"

공자 "하늘이 무엇을 말하더냐? 사계절이 돌아가고 만물이 생겨나고 자라지만, 하늘이 무슨 말을 하더냐?"

공자는 진정한 '도'는 말로 전해지는 것이 아니라 스스로 깨닫는 데서 비롯된다고 강조한다. 자연의 이치는 말없이 흐르고, 그 흐름 속에서 사람은 저마다 마음을 열어 배워야 한다. 누군가의 설명에 의존해 이해한 도는 오래 이어지기 어렵고, 삶의 실천으로 옮겨지기도 힘들다. 공자가 자공에게 스스로 뜻을 세우고, 스스로 배우는 힘을 기르라고 당부한 까닭도 여기에 있다.

정자는 이 구절을 두고 이렇게 풀이했다. "공자께서는 진정한 도가 태양과 별처럼 분명히 드러나 있는데도 제자들이 이를 알아보지 못할까 염려하여 '나는 말하지 않겠다'고 하신 것이다."

자공이 '무엇을 배워 후세에 무엇을 전해야 합니까?'라고 묻자, 공자께서는 사계가 운행되고 만물이 자라나는 자연의 이치를 가리키셨다. 이는 더없이 분명한 가르침이다." 배움의 핵심은 설명이 아니라 깨달음에 있다. 아무리 훌륭한 가르침이라도 스스로 이해하고 몸에 익히지 않으면 자신의 것이 되지 않는다.

군자와 소인을 가르는 의로움

자로 "군자도 용기를 숭상합니까?"

공자 "군자는 의로움을 최상으로 친다. 군자가 용기만 있고 의로움이 없으면 난을 일으키고, 소인이 용기만 있고 의로움이 없으면 도적이 된다."

공자는 의로움이 빠진 용기는 덕이 아니라 위험이 된다고 강조했다. 군자든 소인이든, '의'라는 기준 없이 발휘된 용기는 방향을 잃고 오히려 큰 해악을 낳을 수 있다. 의가 없는 군자의 용기는 나라를 어지럽히는 큰 도적과 같고, 의가 없는 소인의 용기는 남의 담을 넘는 좀도둑과 다르지 않다는 뜻이다.

자로는 성품이 강직하고 용맹한 제자였으나, 배움과 성찰이 충분하지 못한 면이 있었다. 공자는 바로 그 지점을 일깨운 것이다. 용기 그 자체는 소중하지만, 그 용기를 어디에 쓰느냐가 더 중요하며, 그 판단의 기준에는 반드시 의로움이 놓여야 한다는 가르침이다. 모든 행동은 힘이나 결단이 아니라 정당성, 기준, 원칙에서 출발해야 한다는 뜻이 담겨 있다.

경계해야 할 태도, 멀리해야 할 사람

자공 "군자도 미워하는 것이 있습니까?"

공자 "당연히 미워하는 것이 있다. 나쁜 사람을 칭찬하는 것을 미워하고, 윗사람을 헐뜯는 것을 미워하며, 무례하면서 용감하기만 한 것을 미워한다. 사야, 너도 미워하는 것이 있느냐?"

자공 "남의 생각을 훔쳐서 지혜로운 척하는 것을 미워하고, 버릇없는 것을 용기로 여기는 것을 미워합니다. 또한 남의 비밀을 들춰내서 정직한 척하는 것을 미워합니다."

공자와 자공의 문답은 어떤 사람을 경계하게 되는지에 대한 솔직한 마음의 표현이다. 공자는 선한 것을 아끼고 사랑하는 만큼, 그 선함을 훼손하거나 왜곡하는 태도를 미워한다고 말했고, 자공은 위선과 오만을 가장 꺼린다고 답했다. 두 사람의 기준에는 차이가 있지만, 공통적으로 사람의 본성을 흐리게 만드는 거짓과 무례를 경계하고 있다는 점에서는 뜻이 같다.

군자는 본래 모든 사람을 품어야 하는 존재로 여겨진다. 그럼에도 공자와 자공조차 분명히 불편함을 느끼는 대상이 있음을 인정했다는 점은 인상적이다. 이는 고결한 인격을 지닌 사람이라 하더라도 특정한 말과 태도 앞에서는 자연스러운 거리감과 경계를 느낄 수 있음을 보여준다. 시대를 막론하고 가장 경계해야 할 것은 겉과 속이 다른 언행, 근거 없는 비난, 그리고 무례를 용기나 솔직함으로 착각하는 태도다.

자장子張편

나를 키우는 힘은 기본에서 온다

자장은 춘추시대 진나라 사람으로 공자보다 마흔여덟 살이나 어린 제
자였다. 그는 어떤 일이든 열의를 다해 임하는 인물로 학문에도 성실
했고 남이 위급한 상황에 처하면 목숨까지 내놓을 만큼 의협심이 강
했다. 다만 외모나 명성, 출세를 드러내고자 하는 성향이 있어 그 점이
종종 단점으로 지적되었다. 공자 역시 이를 염려했으나, 자장은 배움을
통해 자신의 부족함을 깨닫고 고치려 애썼다. 그러는 사이 남을 깔보
는 태도나 안일함은 점차 사라졌고, 거만한 기색도 거의 보이지 않게
되었다.

자장편은 공자의 말보다 자장, 자하, 자공, 증자 등 제자들의 발언이 중
심을 이룬다. 이를 통해 공자의 가르침을 받은 제자들이 유가 사상을
어떻게 이해하고, 각자의 방식으로 사유를 다져갔는지 살펴볼 수 있다.
앞부분에는 주로 자장과 자하의 말이, 뒷부분에는 자공과 증자의 말이
배치되어 있다.

마음의 그릇을
넓히는 공부

마음의 폭이 곧 덕의 크기다

> " 덕이 있지만 넓지 못하고, 도를 믿고 있으면서도 확신
> 하지 못한다면, 어찌 도와 덕을 논할 수 있겠는가?
>
> **자장**
> "

인의예지仁義禮智는 모두 덕에 속하지만, 그 덕은 시대와 상황, 사람의 처지에 따라 서로 다른 모습으로 드러난다. 또한 '도'는 말이나 글 속에 머무는 개념이 아니라, 삶에서 실천될 때 힘을 갖는다. 덕을 지니고 있다 하더라도 그 폭이 좁으면 사람들과 함께 서기 어렵고, 고립되기 쉽다. 도를 믿고 있다 하더라도 그 믿음이 충분히 깊지 않으면 행동으로 이어지지 않아 그 도는 스스로 무력해진 것과 다르지 않다. 이런 상태에서 도와 덕을 말하는 일은 공허해질

수밖에 없다.

덕은 사람이 갖추어야 할 기본적인 품성이며, 도는 마땅히 지켜야 할 도리이자 걸어가야 할 방향이다. 덕의 폭이 넓어야 포용이 가능하고, 도에 대한 믿음이 단단해야 흔들리지 않는다. 인정이 깊다 하더라도 마음의 그릇이 좁으면 타인을 밀어내거나 판단의 기준이 편협해지기 쉽다. 넓은 덕이란 다양한 사람과 다양한 상황을 받아들일 수 있는 마음의 그릇을 뜻한다.

사람을 가리기보다 내 그릇을 넓혀라

자하의 문인들: "교제란 무엇입니까?"

자장 "자네들의 스승은 뭐라고 말하든가?"

자하의 문인들 "훌륭한 사람을 골라서 사귀고, 달갑지 않은 사람은 멀리하라고 하셨습니다."

자장 "내가 들은 바는 다르다. 군자는 어진 이를 존경하고, 모든 사람을 포용하며, 착한 이를 칭찬하고, 무능한 이를 불쌍히 여긴다. 내가 어질다면 사람들이 나를 받아들이지 않을 까닭이 없고, 내가 어질지 못하다면 사람들이 나를 거부할 것인데, 내가 어찌 남을 제하고 거부할 수 있겠느냐?"

자장이 말한 핵심은 화이부동和而不同이다. 조화롭게 지내되 무조건 같아지려 하지 않는 태도, 곧 관용과 열린 마음으로 사람을 대하되 판단의 기준은 자신의 '덕'에 두어야 한다는 뜻이다. 자하는 자신을 지키는 데 무게를 두다 보니 도량이 좁아졌고, 제자들 또한 그 영향을 받았다. 자장은 이 점을 조심스럽게 말한다. 사람을 가려 사귀는 행위 자체가 문제라기보다 마음의 그릇이 좁아질 때 타인을 쉽게 밀어내게 된다는 사실을 일깨운 것이다.

누구와 교제할지는 상대의 문제라기보다 나 자신의 덕과 지혜에 달려 있다. 덕을 갖춘 사람에게는 사람들이 자연스럽게 다가오고, 인격을 닦지 못한 사람은 스스로 먼저 관계의 문을 닫기 쉽다. 자장이 제자들에게 강조한 것도 바로 이 지점이다.

"사람을 거절하기 전에 먼저 나 자신을 돌아보라." 이 말은 모든 사람과 무조건 가까이 지내라는 뜻은 아니다. 지知와 덕德이 충분하지 않다면 함부로 타인을 배척해서는 안 되지만, 그렇다고 해로운 사람까지 끌어안으라는 의미도 아니다. 군자는 열려 있으되, 경계를 알고, 포용하되 원칙을 잃지 않는다. 덕이 자리를 잡으면 관계 또한 자연스럽게 균형을 찾게 된다.

큰 길을 가는 사람의 선택 기준

> **"**
> 작은 재주라 할지라도 쓸모없는 것은 없지만, 더 큰 목표를 이루는 데에는 오히려 방해가 될 때가 있다. 그래서 군자는 작은 재주에 눈을 돌리지 않는다.
>
> **자하**
> **"**

여기서 말하는 '작은 재주小道'란 도예나 의술, 점술처럼 생업이나 기예에 가까운 기술을 가리킨다. 자하의 말은 이러한 기술이 무가치하다는 뜻이 아니라, 군자가 걸어야 할 대도大道 앞에서 우선순위가 흐트러지는 상황을 경계한 것이다. 작은 일에 지나치게 몰두하면 큰일을 바라보는 눈이 흐려지고, 긴 호흡으로 세운 목표 또한 놓치기 쉽기 때문이다.

양시楊時는 이를 이렇게 풀이했다. "백가의 온갖 기예는 눈, 코, 입, 귀처럼 저마다 기능은 있으나 서로 통하지는 못한다. 원대한 곳까지 이르려 하면 반드시 막히는 지점이 생긴다. 그래서 군자는 이런 일에 시간을 들이지 않는다." 이는 작은 재주가 그 일을 하는 사람에게는 의미가 있을지라도, 대도를 따르는 이에게는 시야와 방향을 제한하는 요소가 될 수 있음을 말해 준다.

자하가 전하려 한 요지는 분명하다. 큰 흐름을 놓치지 말고, 사소한 것에 마음을 빼앗기지 말라는 것이다. 큰길을 걷는 사람에게 중요한 것은 잔재주의 많고 적음이 아니라, 마음의 크기와 바라보는 시야의 깊이다.

모르는 것을 채우고, 아는 것을 다져라

> 날마다 모르는 것을 알아가고, 달마다 아는 것을 잊지 않도록 한다면, 참으로 배우는 것을 좋아한다고 할 수 있다.
>
> **자하**

이 구절은 학문을 대하는 바른 태도를 말한다. 유가의 여러 경전이 후대까지 전해질 수 있었던 데에는 자하의 부지런한 학구열과 반복 학습의 힘이 크게 작용한 것으로 알려져 있다. 자하가 강조한 것은 특별한 재능이 아니라, 날마다 모르는 것을 보완하고 달마다 이미 배운 것을 점검하는 꾸준함이다.

공부는 한 번 깨달았다고 마무리되는 것이 아니다. 잊기 전에 다시 살피고, 흐릿해지기 전에 다시 붙잡으며, 새로 배운 것을 자기 것으로 만드는 과정이 이어져야 한다. 그래서 자하는 참으로 학문을 사랑하는 사람을 두고, 날마다 자신을 새롭게 하고 달마다 덕행과 지식을 닦아 잊지 않는 사람이라고 말했다. 학문만이 아니라 인격과 습관, 직업에서의 역량 또한 이런 반복 속에서 성장한다. 학문은 덕행과 연결되어 있다.

아는 것이 늘어날수록 사람의 말투와 태도, 시선과 선택도 달라진다. 자하가 말한 '날마다 새롭게 한다'는 것은 지식을 쌓는 데 그치지 않고, 인격과 품성을 함께 다듬어가는 과정을 가리킨다.

공자라는 인물의 세 가지 결

> **"**
> 군자는 세 가지 변화가 있다. 멀리서 보면 근엄하고, 가까이서 보면 온화하며, 그 말을 들어보면 옳고 그름이 분명하다.
>
> **자하**
> **"**

이 구절은 자하가 바라본 공자의 인물됨을 그려낸 대목이다. 전해지는 기록에 따르면, 공자는 키가 크고 기골이 장대한 인물이었으며, 『여씨춘추呂氏春秋』에는 잠긴 성문의 자물쇠를 한 손으로 움켜쥐고 들어 올릴 만큼 힘이 셌다는 일화도 전한다. 이마는 둥글고 넓었으며 눈썹은 길게 늘어졌고, 눈빛은 맑고 또렷했다고 한다. 여기에 예를 갖춘 자세까지 더해져 멀리서 마주하면 자연스레 근엄함과 위엄이 느껴졌을 것이다.

하지만 자하가 가까이에서 마주한 공자의 모습은 또 달랐다. 곁에 다가서면 공자는 온화하고 따뜻했으며, 사람을 편안하게 대하는 인자한 면모를 지니고 있었다. 대화를 나누다 보면 말은 옳고 그름이 분명했고, 주관은 흔들림이 없었으며, 이치는 차분하고 조리 있게 이어졌다. 자하가 말한 '세 가지 변화'란 공자의 위엄과 인정, 지혜가 상황에 맞게 자연스럽게 드러나는 조화를 가리킨다.

자하가 본 공자는 멀리서 보면 경외심을 자아내고, 가까이서 보면 따뜻하고 편안하며, 말을 들으면 깊고 바른 이치가 전해지는 사람이었다. 위엄과 온화함, 분별력은 서로 어울리기 어려운 덕목처럼 보이지만, 성숙한 인격자는 이 세 가지를 한 흐름 안에서 조화롭게 지닌다는 사실을 보여준다.

신뢰를 잃으면 모든 말이 오해가 된다

> 군자는 백성의 신임을 얻은 뒤에야 그들을 부릴 수 있는 것이니, 신임을 얻지 못하면 백성들은 억압한다고 여긴다. 군자는 윗사람의 신임을 얻은 뒤에야 간언할 수 있는 것이니, 그렇지 않으면 윗사람은 자신을 헐뜯는다고 여긴다.
>
> **자하**

공자가 '의義'를 바탕으로 '예禮'에 따라 일을 처리해야 한다고 가르쳤다면, 자하는 여기에 신뢰라는 조건을 더해 그 의미를 한층 구체화했다. 신뢰가 쌓이지 않은 상태에서 명령을 내리면 백성들은 그것을 억압으로 받아들이고, 믿음이 형성되지 않은 가운데 충언을 하면 윗사람은 이를 비방으로 오해하기 쉽다. 자하의 통찰은 분명하다. 신뢰 없는 권한은 폭력처럼 보이고, 신뢰 없는 충고는 비난으로 들린다는 것이다.

공자 역시 "군대와 식량이 부족한 상황에서도 국가는 버틸 수 있지만, 백성의 신뢰를 잃는 순간 그 국가는 더 이상 설 수 없다."라고 말했다. 자하 또한 인간관계이든 정치이든 조직이든, 모든 관계의 출발점에는 신뢰가 놓여 있음을 강조한 셈이다. 신뢰가 형성되지 않은 상태에서 통치하려 하거나, 상대를 설득하려 하거나, 공동체를 이끌고자 하면 시대를 가리지 않고 혼란과 불신, 저항이 뒤따랐다. 군자의 길은 사람을 움직이려 들기 전에 먼저 믿음을 얻는 데서 시작된다는 점, 이것이 자하가 전하고자 한 핵심이다.

숨기려 들수록 더 드러난다

> **"**
> 군자의 잘못은 일식이나 월식과 같다. 잘못을 저지르면 모두가 보게 되고, 고치면 모두가 우러러본다.
>
> **자공**
> **"**

군자는 많은 이의 시선이 닿는 자리에 서 있기 때문에 잘못을 감추려 하더라도 숨길 수 없다. 오히려 덮으려 할수록 더 크게 드러나고 더 널리 퍼지기 쉽다. 그래서 군자의 지혜는 허물을 숨기는 데 있지 않고, 스스로 인정하고 고쳐 나가는 데 있다.

천자에서 서민에 이르기까지 누구에게나 허물은 있다. 잘못 그 자체를 두려워할 필요는 없다. 경계해야 할 것은 같은 잘못을 되풀이하는 일이며, 돌아보지 않은 채 지나쳐 버리는 태도다. 군자의 길은 실수를 완전히 피하는 데 있지 않다. 실수를 통해 자신을 바로 세우고, 그 과정에서 한층 단단해지는 데 그 뜻이 있다.

자공이 말한 '일식과 월식'의 비유도 이 점을 가리킨다. 잘못이 드러날 때 세상은 주목하지만, 그 잘못을 바로잡는 모습을 보일 때 사람들은 더 큰 신뢰와 존경을 보낸다는 뜻이다.